弈藏天下

围棋棋具文化经典收藏

李昂　李忠　著

鉴古知今之书画杂项卷

（第三卷）

成都时代出版社
CHENGDU TIMES PRESS

李昂：男，1981年生人，中国围棋协会职业三段注册棋手，围棋文化学者，围棋文化艺术品藏家。1998年开始出版围棋专著，著有《本因坊秀策全集》《围棋宗师坂田荣男》《儿童早教学围棋》等作品30多部，一千余万字。并专注于围棋早教课题研究，发表了极具影响力的论文《围棋早教课题研究》。

1999年，任北京棋院(大宝)围棋少年队教练，并曾任杏泽围棋学校冲段班教练，其间指导过几十位活跃在当今职业棋坛的青年才俊，其中不乏世界冠军。

2004年，通过互联网指导世界各大洲20多个国家的世界棋友，并从2006年开始受德国、瑞士等国家围棋协会邀请出访欧洲9国讲学指导，进行海外围棋推广普及活动。

李昂幼承家学，对围棋文化艺术品收藏几近痴迷，藏有棋具、棋笥、棋子、书画、古籍及其他有关围棋杂项藏品逾千件，被誉为围棋文化艺术品收藏第一人。

李忠：字正中，号拍涛子，黑白轩主，听风听雨楼主。男，1945年生人，工诗词、书法，北京市原宣武区书法家协会会员，曾多次在全国书法、诗词大赛中获奖。

围棋文化学者，围棋文化艺术品藏家。围棋业余5段，曾出版《世界冠军名局精解》丛书等多部作品。

李昂弈道弈藏天下公众号

目录

第一章　书画鉴赏

第二章 围棋杂项鉴赏

第一章　书画鉴赏

一、棋家书画

1. 本因坊察元书“方圆动静随机见，清篳疏帘眼倍明”立轴

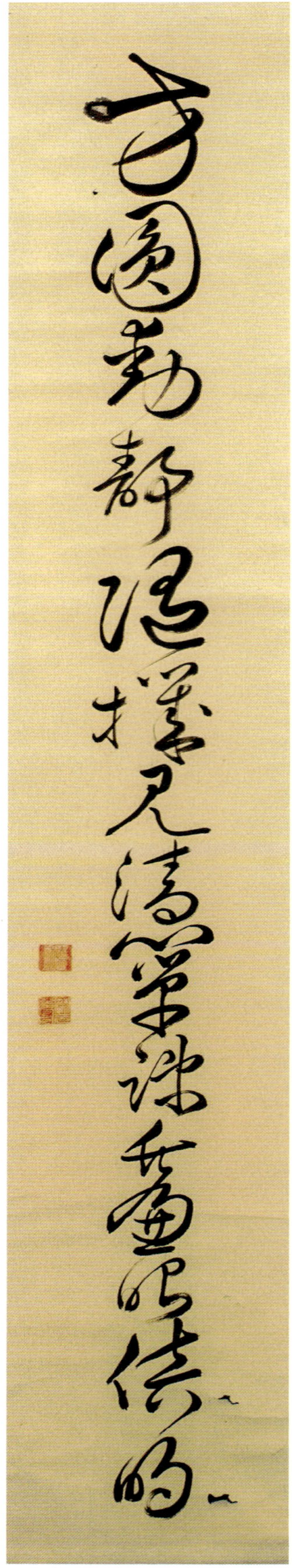

本品为本因坊察元一行书立轴。

本因坊九世察元，本姓间宫，出生于武州。为八世本因坊伯元门下弟子，1754年8月被立为跡目，9月伯元去世，伯元遗嘱表示，察元与之分先已久，因此希望官方给予察元六段资格，老中松平左近将监同意察元继任为九世本因坊，棋力六段，翌年开始出赛御城棋。

本因坊家六、七、八三世本因坊皆早逝，势力渐衰，察元胸怀大志，致力于恢复四世道策、五世道知两世名人之荣景，因此极为努力，终于1757年4月获得因硕的同意升为上手，此时的察元棋力已经独步天下，因硕已非其敌手。1764年察元与因硕共同晋升半名人，并于翌年申请名人棋所，遭到因硕反对。1766年在老中裁定下，寺社奉行久世大和守宣布察元与因硕进行二十局赛争棋。争棋首局定为该年御城棋，根据规则，需下为和局，在首局和棋后，察元连胜五局，提出降级要求；因硕认为应该是净胜六局时才降级，察元则举出古代例子，应为净胜四局就降级，因硕认为如此该在连胜第四局结束后就降级，察元当时没有提出而下第六局，显然是认为净胜六局才降级；两人争论不休，争棋因此停弈。1767年，由于因硕不愿续弈，察元直接写信给寺社奉行，以因硕被降级为由要求升为名人；经过老中与寺社奉行讨论后，察元晋升为名人。虽然根据历代规矩，升为名人便会担任棋所，却遭井上跡目春达、安井仙角与跡目仙哲联名反对并提出争棋申请，但将军德川家治指定察元与林门入对局并亲自监战，最终察元获胜，终于升上名人，并在三年后，老中召见察元登城，寺社奉行土屋能登守授予棋所证书。

察元于1788年1月23日去世，享年五十六岁，根据记载，察元葬于本因坊家历代墓所江户本妙寺，法名日义。而2003年于幸手市平须贺外乡内共同墓地又发现察元墓，而察元墓于2008年被指定为幸手市的文化遗产。

察元以其强大的棋力力挽狂澜，终结了自道策、道知后本因坊家三代式微的局面，且由于与其他三家争名人棋所，开创了围棋的竞争发展之新局面，因此被后人称作“棋道中兴之祖”。

此件藏品所书宋洪炎诗句“方圆动静随机见，清簟疏帘眼倍明”，典出唐杜甫《七月一日题终明府水楼二首》之第二首，末联“楚江巫峡半云雨，清簟疏帘看弈棋”，此联在围棋文化史上影响极大。

早在唐代，围棋已与琴、书、画一起成为文人士大夫的四大雅事。士大夫阶层无人不弈。杜甫亦酷爱围棋，不仅自己常常寄情其间，并劝友人“且将棋度日”（《寄岳州贾司马六丈巴州严八使君两阁老五十韵》），其笔下“老妻画纸为棋局”（《江村》）、“闻道长安似弈棋”（《秋兴》）等语，均为传世佳句。而“楚江巫峡半云雨，清簟疏帘看弈棋”句尤为后世推崇，并争相化用，诸如陆游诗中“清簟疏帘对棋局，肌肤凄凛起芒栗”，钱谦益诗中“疏帘清簟楚江秋，剥啄从残局未收”，王摅诗中“疏帘清簟看分明，良久才闻下子声”，袁枚诗中“清簟疏帘弈一盘，窗前便是小长安”，毕沅诗中“清簟疏帘坐隐偏，参差月落不成眠”，孔尚任诗中“疏帘清簟坐移时，局罢真教变白髭”等句，不胜枚举。以至于“清簟疏帘”已成为围棋的代称，清人甚至将“清簟疏帘”与苏轼的“古松流水”并列，编入类书《渊鉴类函》。

洪炎为著名的宋文学家、诗人、词人，是同为文学家、诗人、词人，更兼书法家黄庭坚的外甥，洪氏三兄弟均有文名。原诗为洪炎《弈棋绝句二首·其二》

鹭落寒江鸦点汀，晴窗飞雹击盘声。
方圆动静随机见，清簟疏帘眼倍明。

东汉，黄宪曾有《机论》曰：“夫弈以机胜，以不机败，”“弈之机，虚实是已。实而张之以虚，故能完其势；虚则击之以实，故能制是形，是机也。员而神，诡而变，故善弈者能出其机而不散，能藏其机而不贪，先机而后战，是以势完而难制。”明人董中行在《仙机武库·序》中也强调“知机”乃弈道之最高境界：“棋乎仙乎，非镜于至精，达于至变，而入于至神者，孰知其机乎？”

徐星友著《兼山堂弈谱》其同乡著名画家翁嵩年作序有言：“弈者，变易也，自一变以至千万变，有其不变，以通于无所不变，变之尽而臻于神，神之至而几于化也。合乎周天，尽其变化，握机于仙（先），藏神于密，非通于造化之原者，未易于此也。”

察元于弈道，可谓镜于至精，达于至变，变之尽而臻于神，神之至而几于化者，或已知其机矣，故独爱洪炎“方圆动静随机见，清簟疏帘眼倍明”句，时参弈道之机，书以自勉。

此件藏品为天明二年（1782年，清乾隆四十七年，壬寅年）正值察元睥睨天下，棋力巅峰时期之书法力作，笔力遒键，用墨老到。钤阳文“本因坊”阴文“察元之印”章。

作品原装原裱，老气十足，品相甚佳，惜有虫蛀。

整幅176×31cm
原纸132×22cm

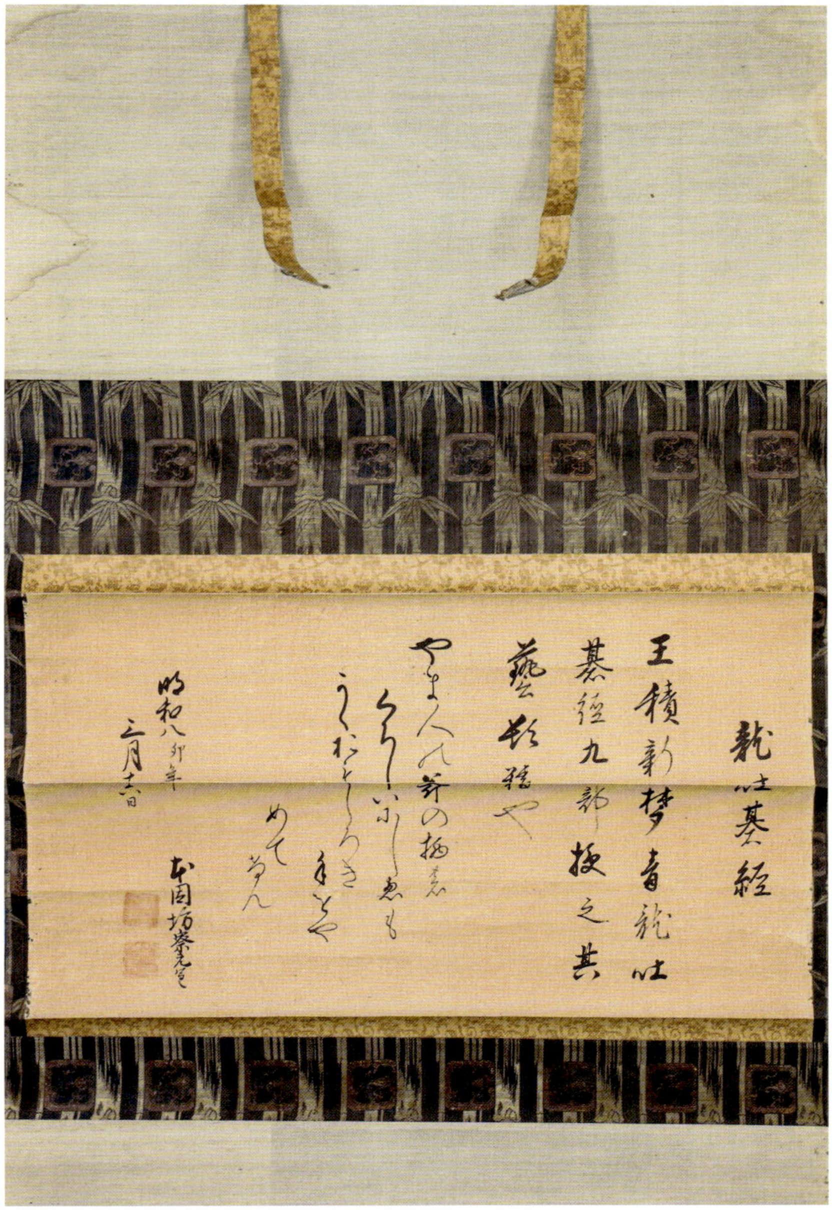

第九世本因坊官赐名人棋所察元行书作品

2. 本因坊察元书“王积薪梦青龙吐棋经九卷授已”立轴

此为第九世本因坊官赐名人棋所察元行书作品，原装原裱，汉文“龙吐棋经　王积薪梦青龙吐棋经九部授之，其艺顿精也”。四行书，左日文四行书不辨。落款“明和八卯年三月十六日　本因坊察元写之”，钤“本因坊”阳文朱印及“察元之印”阴文名章。

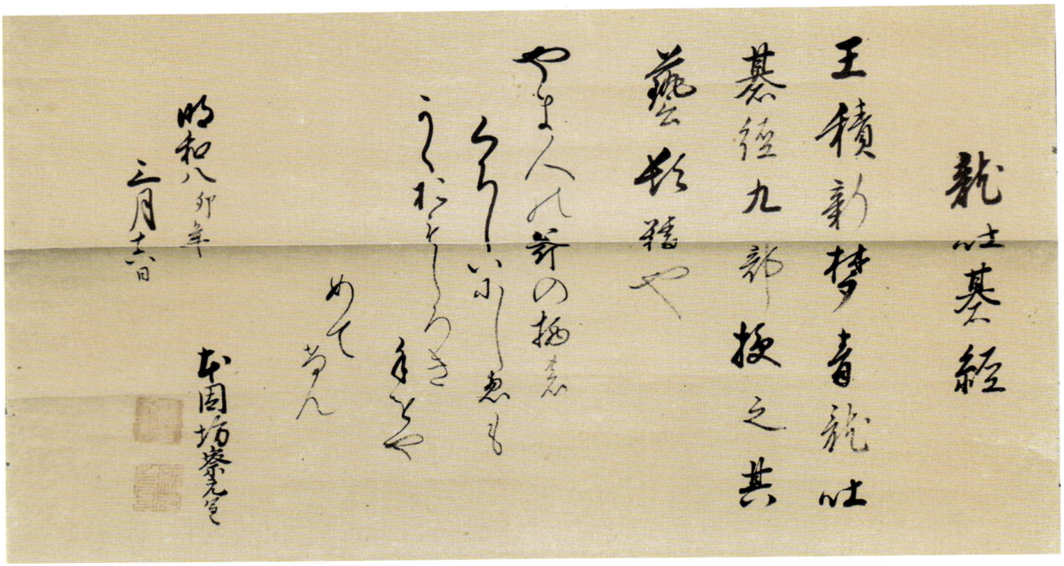

龙吐棋经典故出自唐人冯贽《云仙杂记》，原文为："王积薪梦青龙吐棋经九卷授己，其艺顿精。"所以后来明人程明宗刊印的《弈薮》跋中有文曰："夫弈者以烂柯为仙技，手谈为神局，青龙吐经为秘诀。"

此处察元将原文改一字，增一字，当是凭记忆所书，故与原文略有出入，而非刻意为之，并未伤及原文本意。

本作品书于明和八年（1771年），距今已200多年，年久有瑕，作品失一轴，且有一道明显折痕，为保留作品的时代感，未做补修，虽略显陈旧，却更增其历史的沧桑感，具有极高的文化价值和历史价值。

3. 秀策启蒙师净土真宗宝泉寺十世葆真书“住心一境空万缘”立轴

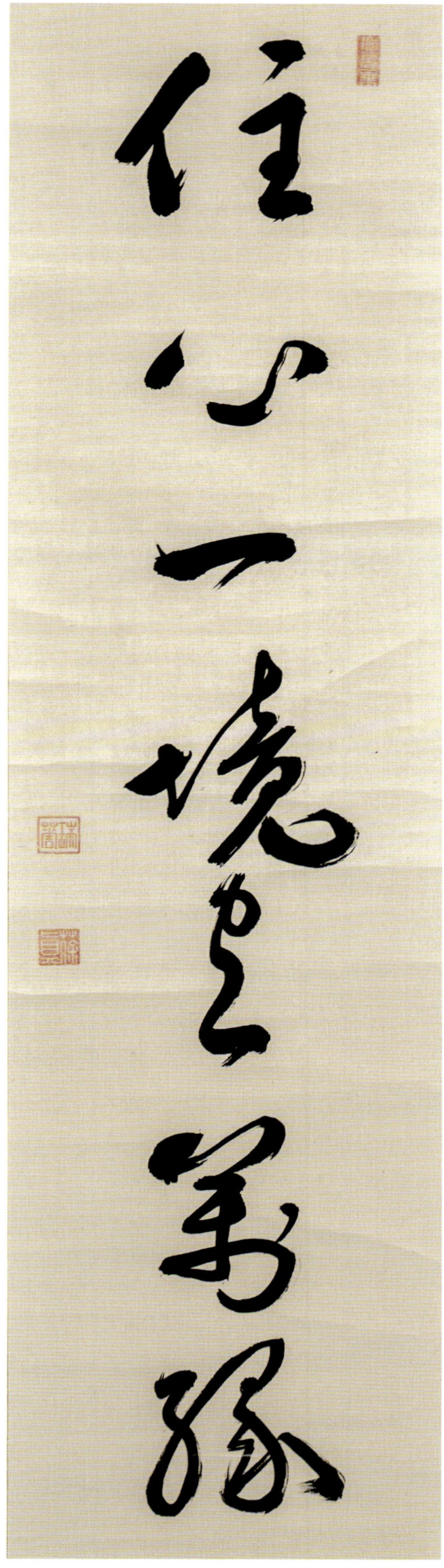

葆真，安艺国竹原净土宗宝泉寺第十代住持，精通汉学，于书画造诣尤深，围棋以宝泉寺名，水平去国手两子，为井上门初段，时人称其为艺州第一棋豪，后升三段。

笔者所藏江户时期木版印刷嘉永三年（1850年）版围棋棋士名鉴《大日本围棋段附名人鉴》中井上家初段部有宝泉寺在列。

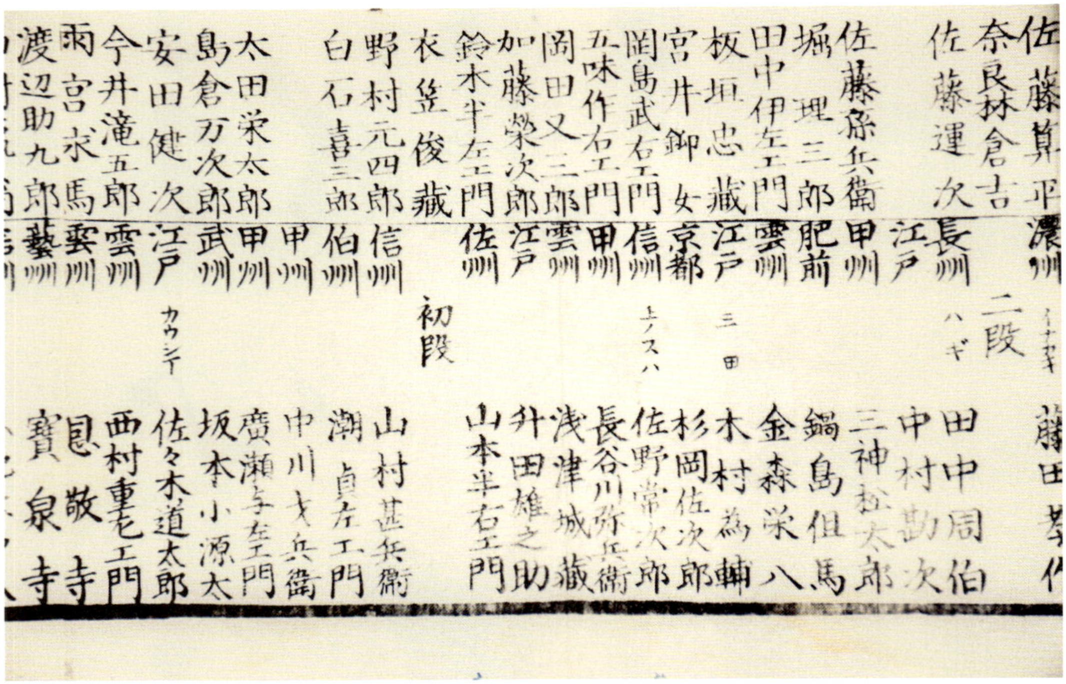
佐藤算平 濃州
奈良林倉吉 長州
佐藤運次 江戸
佐藤条兵衛 甲州
堀理三郎 肥前
田中伊左エ門 雲州
板垣忠藏 江戸
宮井御女 京都
岡島武右エ門 信州
五味作右エ門 甲州
岡田又三郎 雲州
加藤榮次郎 江戸
鈴木半左エ門 佐州
衣笠俊藏
野村元四郎 信州
白石喜三郎 伯州
甲州
太田栄太郎 甲州
島倉万次郎 武州
安田健次 江戸
今井滝五郎 雲州
雨宮求馬 雲州
渡辺助九郎 藝州
二段
田中周伯
中村勘次
三神松太郎
鍋島但馬
金森栄八
木村為輔
杉岡佐次郎
佐野常次郎
長谷川弥兵衛
浅津城藏
升田雄之助
山本半右エ門
初段
山村甚兵衛
潮貞左エ門
中川文兵衛
廣瀬平左エ門
坂本小源太
佐々木道太郎
西村重右エ門
恩敬寺
寶泉寺

下行左一“宝泉寺”

据日本著名围棋史学专家乌鹭光一所著《围棋之历史》一书《宝泉寺资料》记载：葆真大师为江户时期中期书法家赵陶齐门人。赵陶齐出生于长崎，父为清朝商人，母为日本人。其门人中有幕府末期思想家赖山阳之父赖春水。棋圣秀策幼时曾拜葆真大师为师，习围棋、汉学、书法。现存宝泉寺藏品中，有秀策与其师葆真大师对局所用棋盘。还存有葆真大师与井上幻庵对弈所用棋盘，即十一世井上幻庵因硕弘化四年访问宝泉寺时题字签名的一具棋盘，这就是前文提到过的“百战百胜不如一忍”盘（幻庵曾于弘化四年和嘉永二年两次访问宝泉寺），今仍有葆真与秀策及幻庵等人对局棋谱流传于世。葆真大师通晓汉学，精于书画，颇得时三原城主浅野甲斐守忠敬器重，有诸多诗文、书画作品传世。

“葆真”一词典出《庄子·田子方》：“缘而葆真，清而容物。”“缘”顺也。“葆”通“保”。意为顺性而为，以保真性。“清”净也。“容”通“融”，化也。意为心田纯净，可融万物。

此件藏品“住心一境空万缘”行草一行书，灵动自然，畅如行云，“空”“缘”二字颇具怀素草法笔意。

第264局

黑　宝泉寺葆真　三段

白　本因坊秀策　六段

嘉永三年（1850）七月十七日于备后尾道明信院，授二子

第一谱　1—100

白75尖，做劫妙手。

73 79 = 55　76 = 70　87 = 75

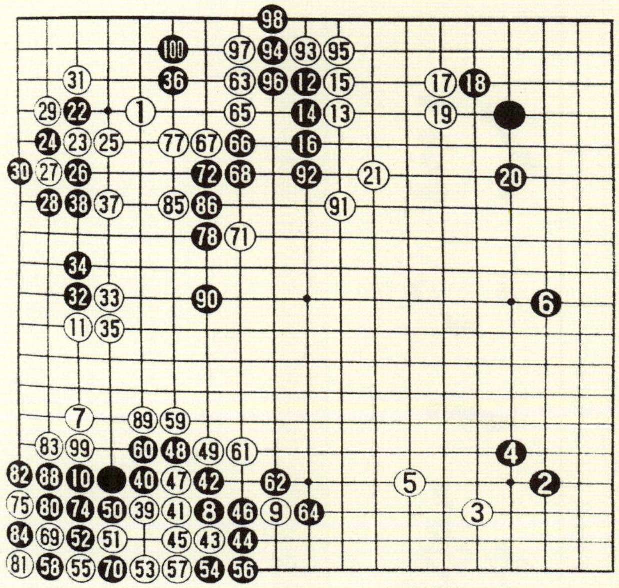

笔者在本社出版的《本因坊秀策全局》中葆真与秀策对局

“住心一境空万缘”未有出典，明代诗人孙蕡《寄诃林长老明静照》诗曾有句：“心知一境万缘空，静与晴霄海月同。”

葆真大师化此得“住心一境空万缘”句，高度概括了佛家心住一境，专一不乱的“心一境性”，制心一处则万法归一，住心一境则万缘皆空，唯此方能得定。

此幅作品无年、名款，仅钤“瑞莆”阳文、“葆真”阴文朱印各一方，右上引首章“究竟乘”颇见精神，整幅作品笔法娴熟，极具功力，章法简洁空灵，深蕴佛家禅味。

4. 橘园“溪上看花”图立轴

此幅作品外箱书“中村卓哉赞”“岩田橘园画”。

据《坐隐谈丛》载，岩田右一郎，岛根县能美郡安来町人。自幼入坊门，受坊门塾长岸本左一郎指导，后于明治七年进五段。

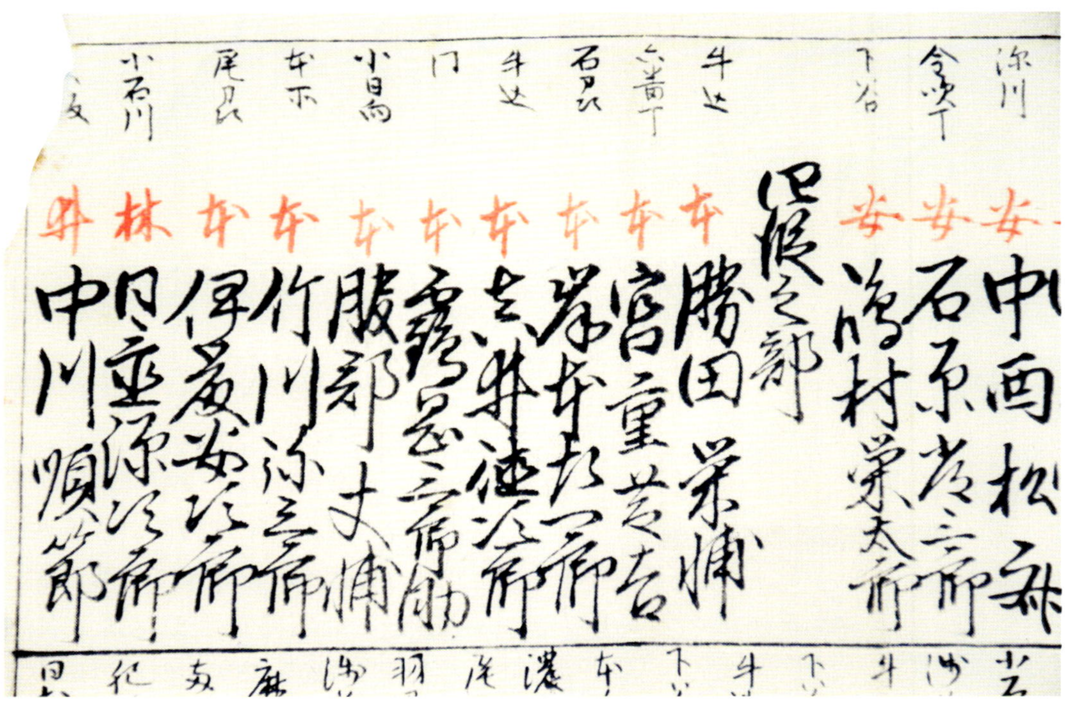

四段之部左八“岸本左一郎”

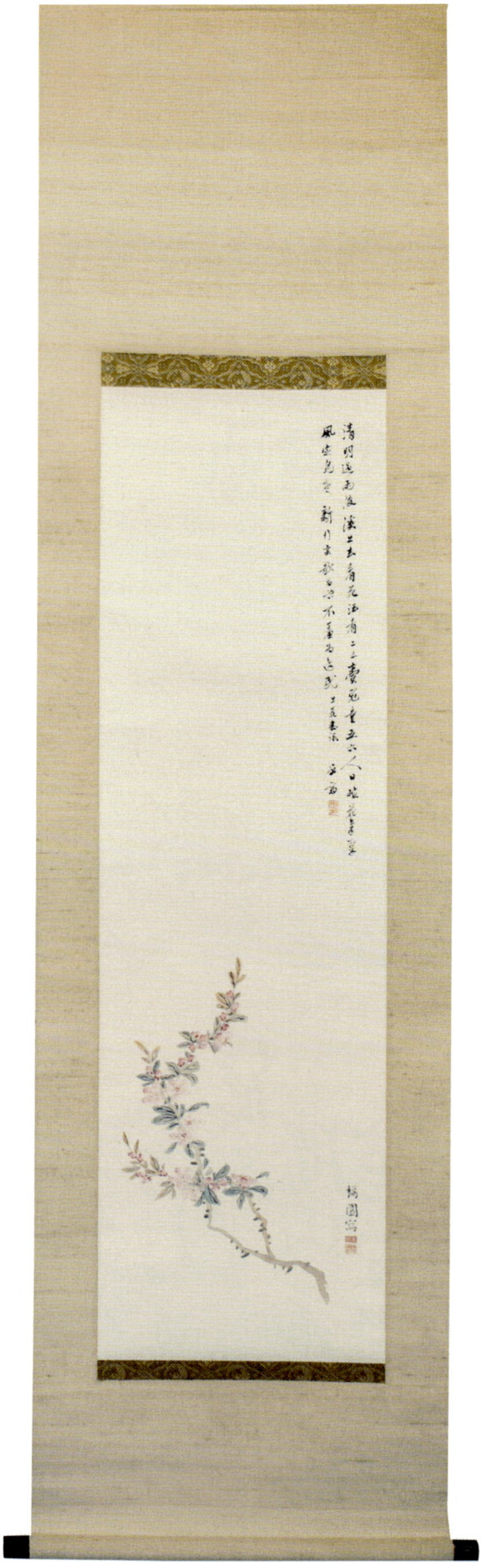

右一郎不仅棋艺不俗，且精通绘画。摹写诸大家秘藏名画，达500余笺以上。曾于九州各地游历，后至广岛，爱其风土，久滞其间，与当地风流雅士相交，时慕名来访者络绎不绝，有座上客恒满，樽中酒不空之盛。

右一郎其人品性极佳，尊坊门塾长，号“橘堂”的岸本左一郎为长者，并在其死后为其树碑立传。右一郎为人温良恭俭让，棋界同仁俱对其赞许有加。

此画布局新颖，疏落清奇，整幅画面仅桃花一枝，偃仰有致，风姿绰约，大片留白处，右上题诗补白呼应，颇具章法。

书法有古人遗风，诗曰：“清明过雨后，溪上去看花，酒肴二三橐，冠童五六人，日喧花气厚，风定鸟声新。行乐歌昌世，不羞为逸民。”有“上花春误　卓斋”款。书有文征明弟子陈淳笔意，其中“乐”“误”二字尤似陈淳草法。唯诗韵有瑕，是为小疵。

橘園寫

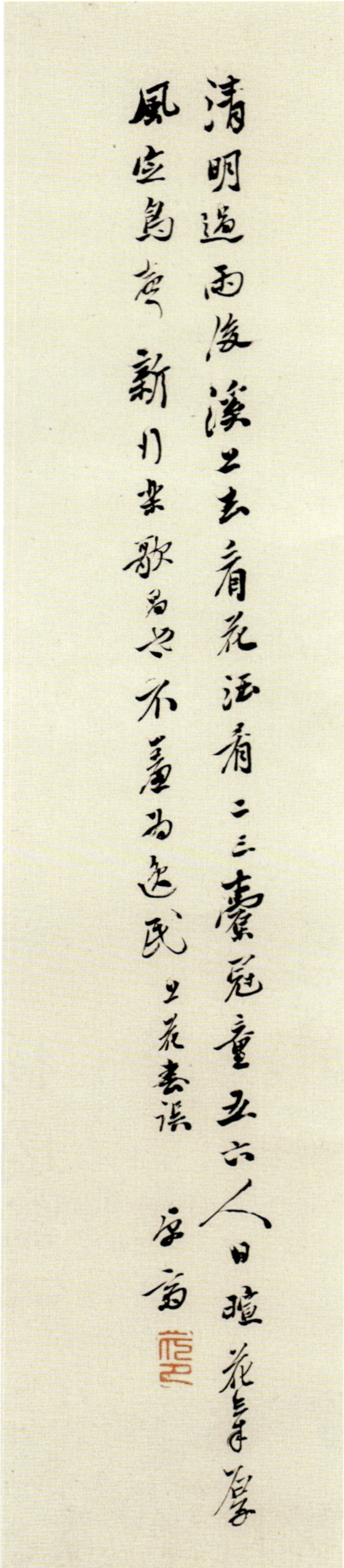

画钤“秀苗”阴文，“橘园”阳文朱印。

外箱所书之中村卓哉（应为卓斋）未见著录，然从画作诗文落款“卓斋”及书法特征判断，为此画作题诗咏赞者当是与岩田橘园诗文唱和之友人小林卓斋。

小林卓斋为幕末、明治、大正期著名的汉学家。字公秀，号卓斋，又号大观。亦称卓藏、小林监物。京都旧泷口宫人小林佐兵卫之二子，天保二年生于高仓竹屋町南，书法习江户后期儒者、文人画巨匠贯名海屋，书风流畅自然，清新秀丽，为书界翘楚。卓斋尚篆成家，精于书画鉴定，有庆应三儒家之誉。

5. 本因坊秀和弟子梶川升五段藏秀甫真迹立轴

此幅书法作品为幕末本因坊秀和弟子梶川荻水五段所藏，后为杉本诚一氏所有，辗转流出为笔者所得。

【本因坊】

梶川荻水が，その師匠**秀和**から**五段の免許**↑をもらったのは，慶応三年（1867）十一月であった。大政の奉還（十月）の直後のことで，世は大混乱のさなかのことである。

さて江戸時代，徳川家は囲碁を文化と認め，音楽，書，画そして囲碁・将棋を四芸といった。

そして当時の名手4人に扶持をあたえ囲碁の家元として公認し，その家元四家は，明治維新の幕府倒壊までそれぞれの門を守ってきたのであった。

碁は僧門に入り，妻帯をしないのがこの時代の定めであった。

梶川荻水は医師を業とし専門棋士だはないので，『お客様』すなわち，今で言うアマチュアの五段格であろう。

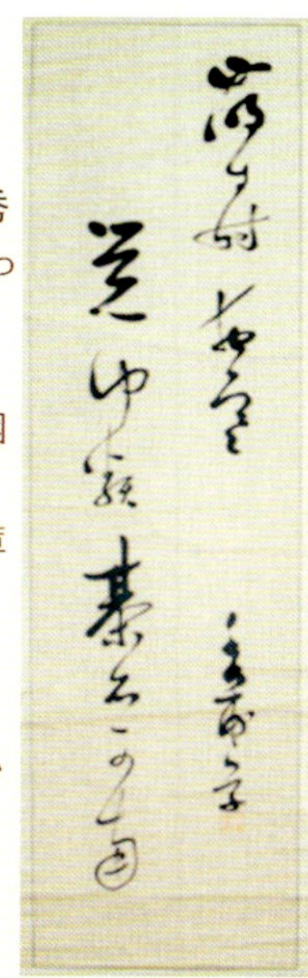

四家とは，**本因坊家**，**井上家**，**安井家**，**林家**である。

四家筆頭の**本因坊家**は，名手を輩出し，本因坊といえば碁の名人の代名詞になった感がある。

幕末から明治にかけて，本因坊・**秀和**，その高弟・村瀬**秀輔**，後の本因坊・秀栄等々囲碁の世界は人的にいえば，日本の歴史のなかで空前の最盛期であった。

しかし，歴史は囲碁の世界に非情な運命をたどらせることとなる。

倒幕に伴い家元制度は崩壊。本因坊家の禄は支給されなくなり，経済的に困窮し，邸宅を借家にせざるを得なくなった。

さらに，その借家から火事が起こり，邸宅が全焼するにいたって，とうとう倉庫住まいを余儀なくされたという。

徳川幕府の崩壊で，その保護下にあった碁の家元四家はどこも壊滅的な打撃を受け，弟子達も四散した。

もはや碁を学ぶ人などがいなくなりつつあるその中，**村瀬準名人（秀輔）**は必死に歯を食いしばり，その時に囲碁の結社「**方円社**」を創立した。

秀輔は囲碁の普及に力をつくし，後継者の育成に努力をした。

田村保寿（本因坊・秀哉），石井千治（二代目中川亀三郎），喜多文子などが巣立って，大正から昭和の碁界を細々ながら支えあうようになる。

右は，杉本誠一氏の家に残されている**秀輔**の掛け軸である。↗（読めません，ごめんなさい。）

文载杉本诚一家传梶川升所藏秀甫书法挂轴

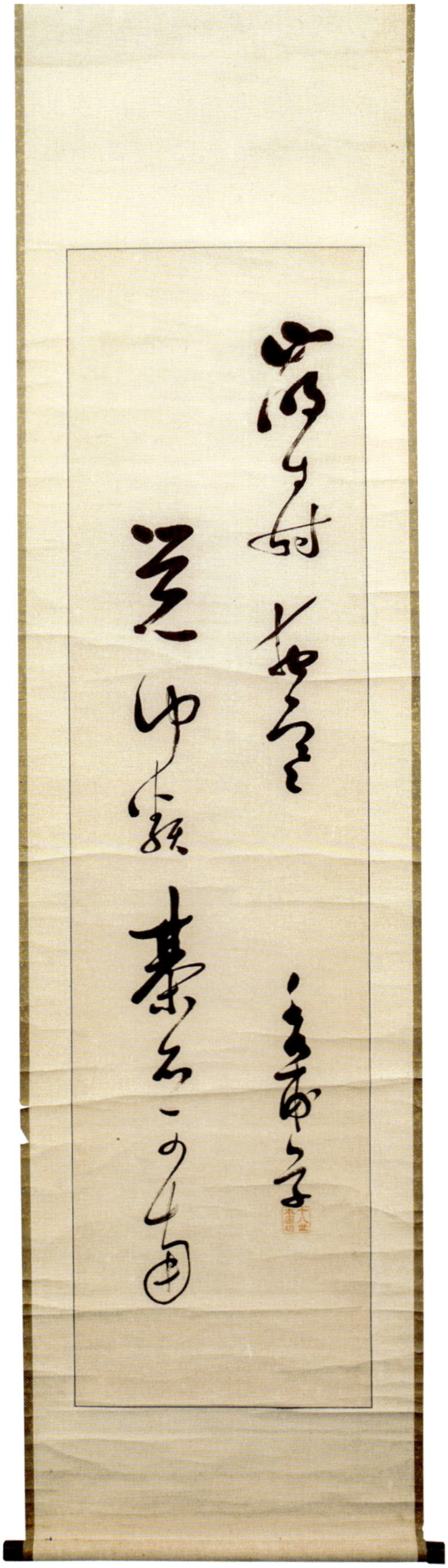

梶川荻水生于天保元年（1830年）本为橘元敬二子，后过继世代从医的梶川家，初名守礼，后名荻水，又名升。

梶川荻水不仅医术精湛，且酷爱围棋，拜在本因坊秀和门下，与坊门龙虎为同门师兄弟，17岁入段，棋力受先与秀策互有胜负。笔者所藏江户时期木版印刷嘉永三年（1850年）版围棋棋士名鉴《大日本围棋段附名人鉴》中本因坊家二段部有梶川守礼在列。

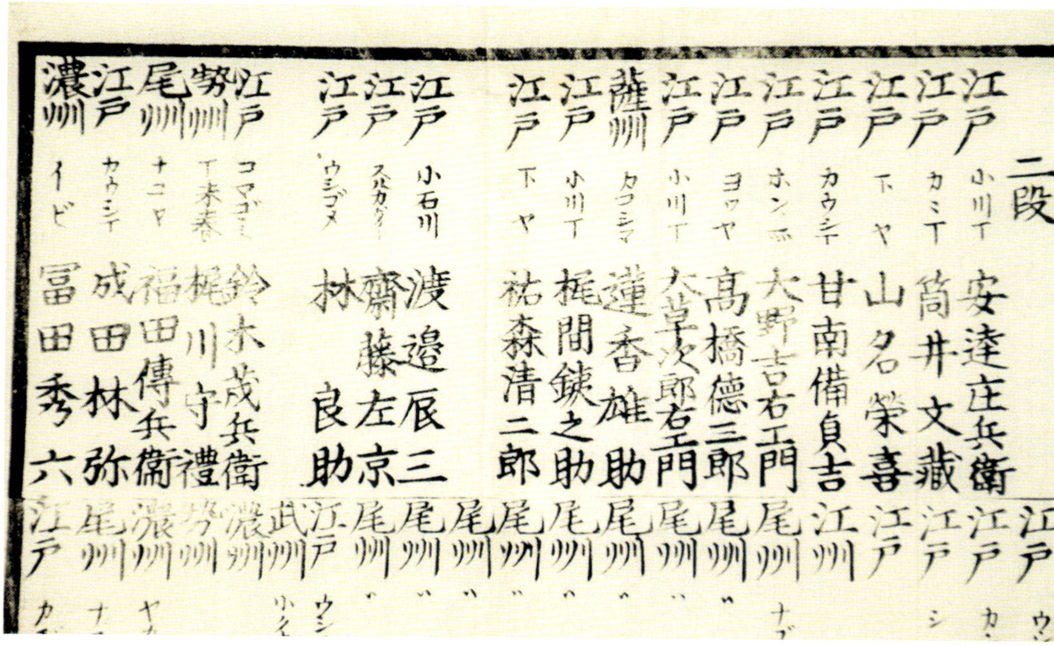

笔者所藏江户时期木版印刷嘉永三年版围棋棋士名鉴《大日本围棋段附名人鉴》左四梶川守礼

梶川守礼于庆应三年以梶川升名升五段。

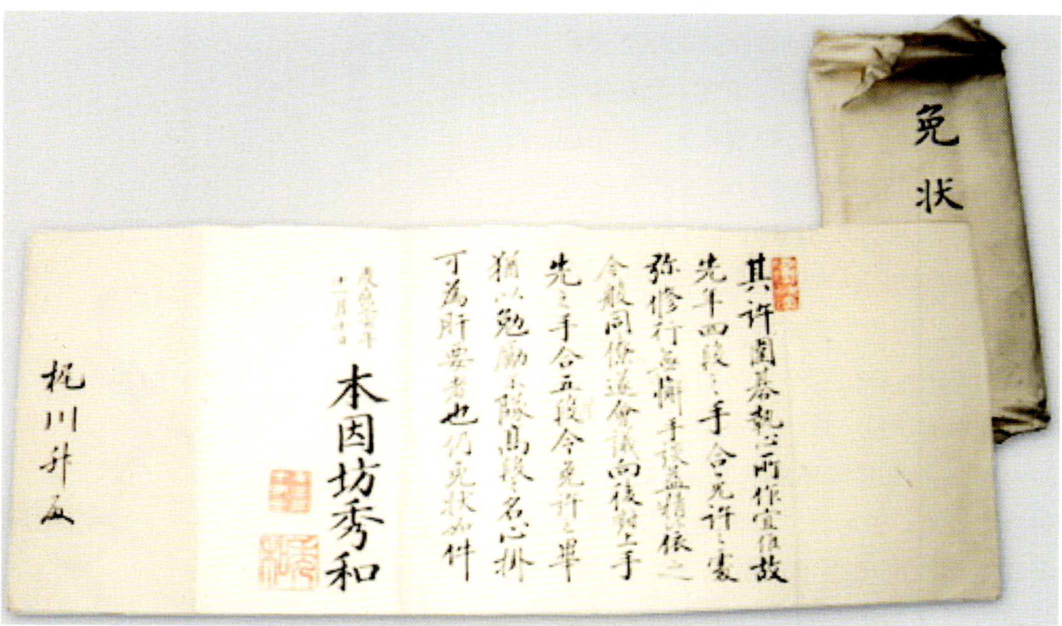

本因坊秀和颁发梶川升升五段免状

十八世本因坊秀甫，初名村濑弥吉，后改名秀甫。天保九年（1838年）生于江户上野车坂，出身于工匠家庭，其居所与本因坊家道场毗邻，耳濡目染，日见童叟手谈情景，幽然神往，夜闻棋子敲枰之声叮咚入梦，不觉痴迷于棋道。年甫八岁，即入坊门，本因坊丈策亲授十三子与之对弈，弥吉胜，丈策、秀和共认为棋才。翌年，降为九子。十一岁入段，师事丈策、秀和。嘉永七年春，十七岁升为三段，文久元年，二十四岁升为六段，已在棋界崭露头角，易名秀甫，与秀策并称为坊门龙虎双璧。元治元年，秀甫升七段时，遭十三世井上因硕反对，以异议提出争棋，秀甫三局连胜，令因硕颜面皆无。由此，秀甫声名更噪，自志于坊门跡目位必得，未果，乃弃坊门出走。明治年间历游各地，广交棋友。明治十二年四月与中川龟三郎、高桥周德、小林铁次郎等共谋创立方圆社，自任第一任社长。明治十四年四月，社员共推其为八段准名人。其社以新私塾制提携后进，顺应时代潮流，且幕后更有明治维新之功臣显贵和社会名流如井上馨、山天信义、后藤象二郎等不下百人的支持，日益壮大，声势已远远超过坊门。明治十九年（1886年）七月，由于坊门衰微，经大臣后藤象二郎斡旋与坊门合作，第十七世本因坊秀荣让出本因坊位，秀甫袭第十八世本因坊位。然秀甫仅在位三个月，即于同年十月四十九岁时病殁。享年不永。

秀甫棋风奔放不羁，犀利敏锐，常有奇着妙策，于后世广有影响。秀甫热心于向旅日欧洲棋手传授棋艺，并主编方圆社报刊《围棋新报》，著有《方圆新法》等书。

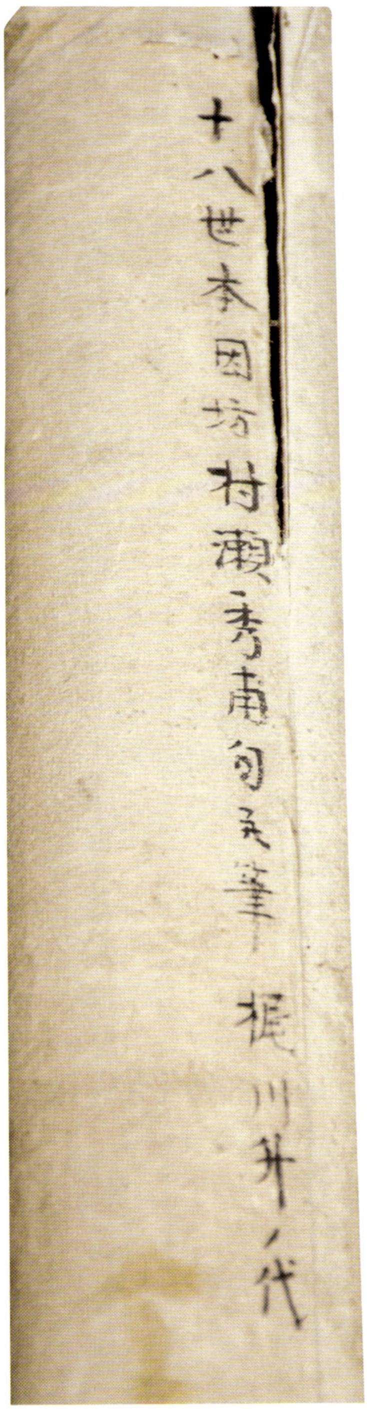

在中江兆民所著《一年有半》近代31名非凡人物列传中，其中包含有改变了日本近代历史进程的藤田东湖、坂本龙马、西乡隆盛、大久保利通等人，秀甫亦赫然在列，可见秀甫在日本近代史的重要地位。重野成斋为著名画家泷和亭所作秀甫画像题赞："方圆创社，俊髦勃焉。欧米授徒，法谱远传。专心致志，握白钧玄。道近乎技，功续永存。殁而可祭，于社者其在斯人欤！十八世本因坊秀甫师像赞　重野译敬题。"

秀甫对围棋在世界范围内的普及和发展也有巨大的贡献。秀甫素有大志，曾收德国人科歇尔特为徒亲授围棋技艺。当时，在方圆社学棋的欧洲人士较为著名的还有英国公使巴夏礼（Sir Harry Smith Parkes，1828－1885，1883年调任驻华公使）和德国公使艾尔雅等人。

秀甫亲自为科歇尔特讲授围棋，并下指导棋，从一开始授十三子，最后减为授六子。在秀甫的精心指导之下，科歇尔特的棋力大进，按方圆社的"级位制"衡量，科歇尔特的棋力已达到"二级初段"水平。科歇尔特回到欧洲以后，大力宣传普及围棋，并出版专著介绍围棋，围棋得以在欧洲乃至世界范围内普及和发展，秀甫功不可没。

2007年8月1日，日本棋院围棋殿堂评选委员会宣布，本因坊秀甫入选围棋殿堂。截至2007年入选者仅为8人：德川家康、本因坊算砂、本因坊道策、本因坊秀策、本因坊丈和、本因坊秀和、大仓喜七郎、本因坊秀甫。

现存秀甫与梶川升对局棋谱共十三局，其中含秀甫未更名前之村濑弥吉与梶川守礼十番棋。

钤“十八世本因坊”印

本品流传有序，作品章法独特，两行书天头错落，右下落款，与众不同，笔法落拓不羁，狂草几不可辨，与秀甫激烈动荡、变幻莫测的棋风及其我行我素、特立独行的狂野性格极其相符。所书数字不可辨，其文未敢妄测。有“秀甫草”款，钤“十八世本因坊”章。

特别要说明的是，秀甫创办“方圆社”独立后，于明治十九年（1886年）与本因坊家和解，并于7月30日继秀荣位成为十八世本因坊，然而，秀甫在本因坊位仅两个半月，其间只下了一局棋就在举行庆祝会之前因疾病于10月14日去世，终年49岁。因此，钤有“十八世本因坊”印的秀甫作品存世量极少，几乎不可见，堪称绝品。

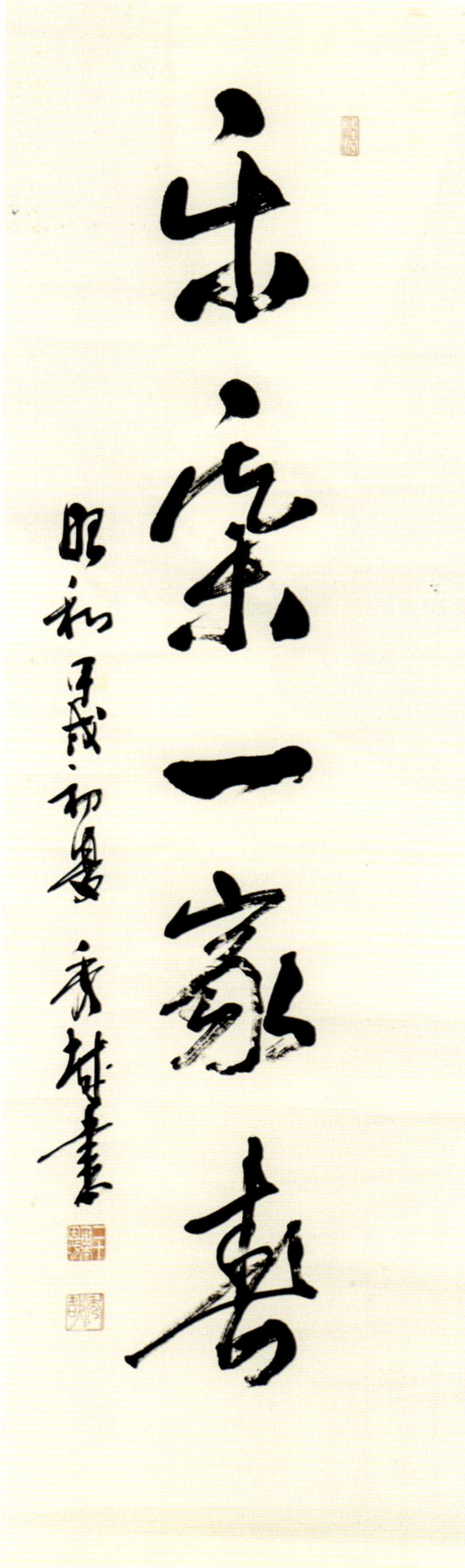

6. 本因坊秀哉书“乐棋一家春”镜芯

此件为托裱条幅一行书“乐棋一家春”，枯墨涩笔，苍劲老辣。左款“昭和壬戌初夏　秀哉书”，钤“二十一世本因坊”阴文印，“秀哉”阳文印，引首章“橘秘”。

此幅藏品为秀哉于昭和壬戌年（1922年）所书，此时秀哉正当盛年，声誉日隆，如日中天，浓墨重彩之间，偶有飞白破纸，整幅作品用笔张扬，书者志得意满，“春风得意马蹄疾”之洋洋意色，跃然纸上，所书“乐棋一家春”也正是表达秀哉斯时心境。

此品虽未装裱，却是秀哉传世书法作品中不可多得的上佳之作。

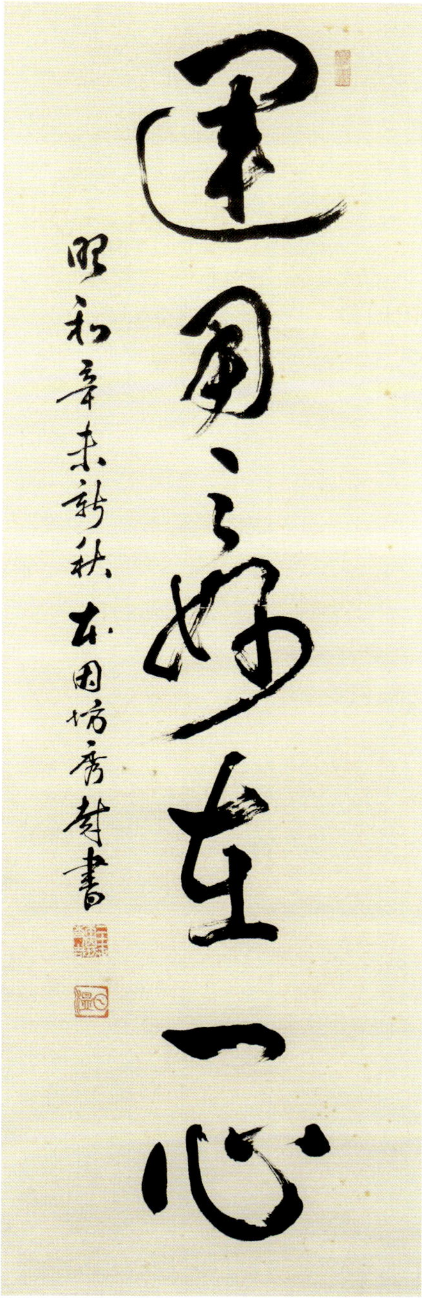

“运用之妙在一心”纸本墨书

7. 本因坊秀哉书“运用之妙在一心”立轴

此件为日式原装原裱一行书“运用之妙在一心”立轴，左款“昭和辛未新秋　本因坊秀哉书”笔力遒劲，墨浸神采，钤“二十一世本因坊秀哉”阴文朱印，“日温”阳文朱印，引首章“养神保寿”。底有七十六翁梅甫署跋并记秀哉生平事迹文。梅甫日文跋记书于昭和十五年（1940年）九月一日，钤“唯一之印”阴文朱印、“梅甫”阳文朱印，引首章“赤心”。梅甫翁此跋或为纪念秀哉逝世，为之记铭，并与秀哉原作共裱一纸，此幅作品当为梅甫首藏。

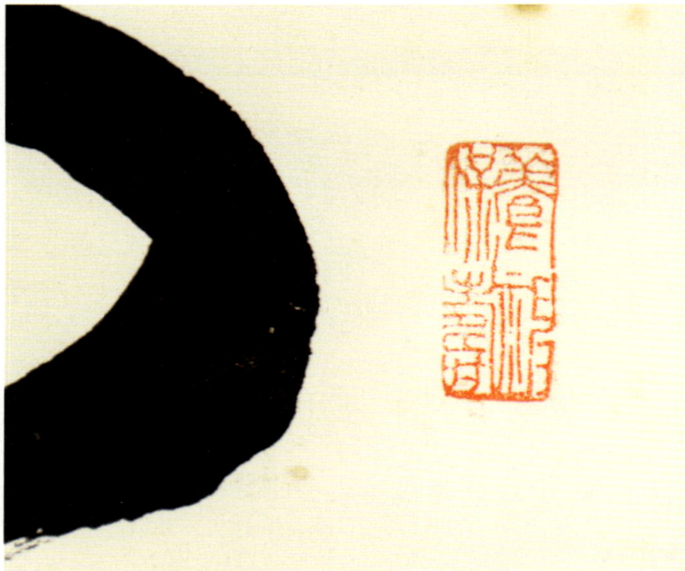

此幅藏品书于昭和六辛未年（1931年），裱于昭和十五年（1940年），虽历近百年，仍具十分品相，是秀哉存世书作中难得一见之精品。

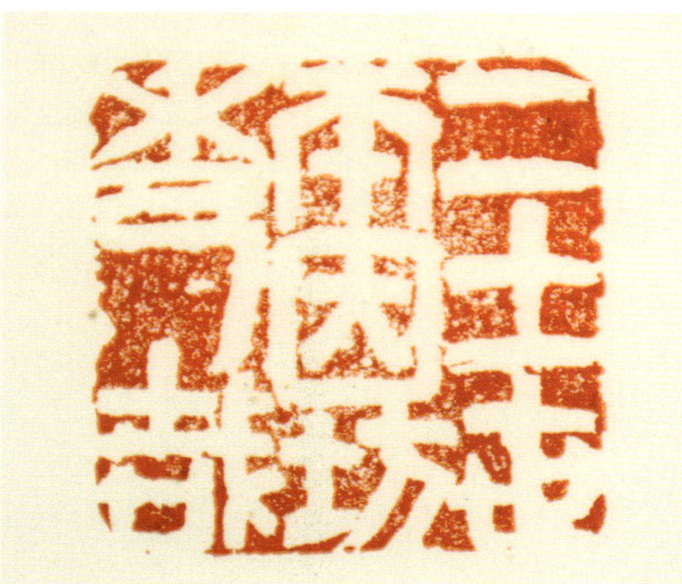

所书“运用之妙在一心”化自岳飞的一句名言，《宋史·岳飞传》载：岳飞“隶留守宗泽。战开德、曹州皆有功，泽大奇之，曰：尔勇智才艺，古良将不能过，然好野战，非万全计。因授以阵图。飞曰：阵而后战，兵法之常，运用之妙，存乎一心。泽是其言。”岳飞此言，是兵法所云“兵无常势，水无常形”之高度概括和总结，认为阵法不过是兵法之常，如何运用的妙处，在于头脑的灵活，围棋黑白对阵，一如兵家之战，其中布局谋篇，定式的运用，便如兵家的“阵而后战”不过是弈棋之常法，围棋黑白交锋，其战略战术的运用之妙，亦在于头脑之灵活，“运用之妙在一心”正是秀哉名人对围棋制胜之道的高度概括和总结。

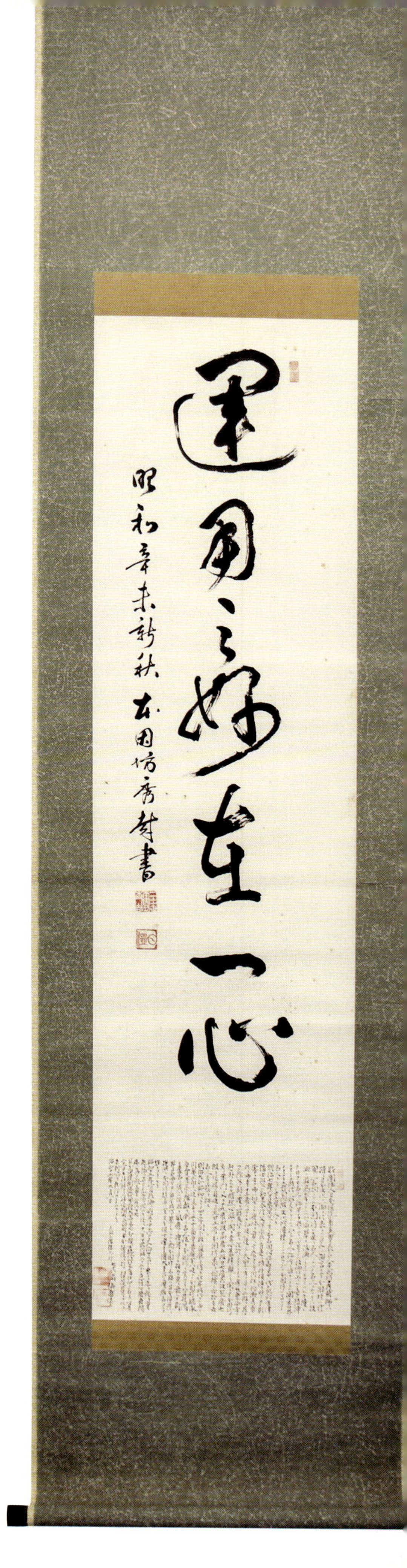

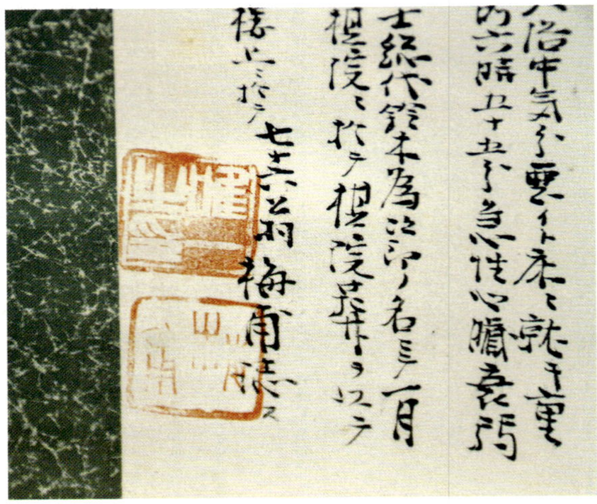

人俗中気ニ更イト床ニ就キ重
前六時五十五分急性心臟衰弱
士總代鈴木為次郎ノ名ニテ一月
棋院ニ於テ棋院葬ヲ以テ
樓上ニ於テ 七十六翁 梅甫誌ス

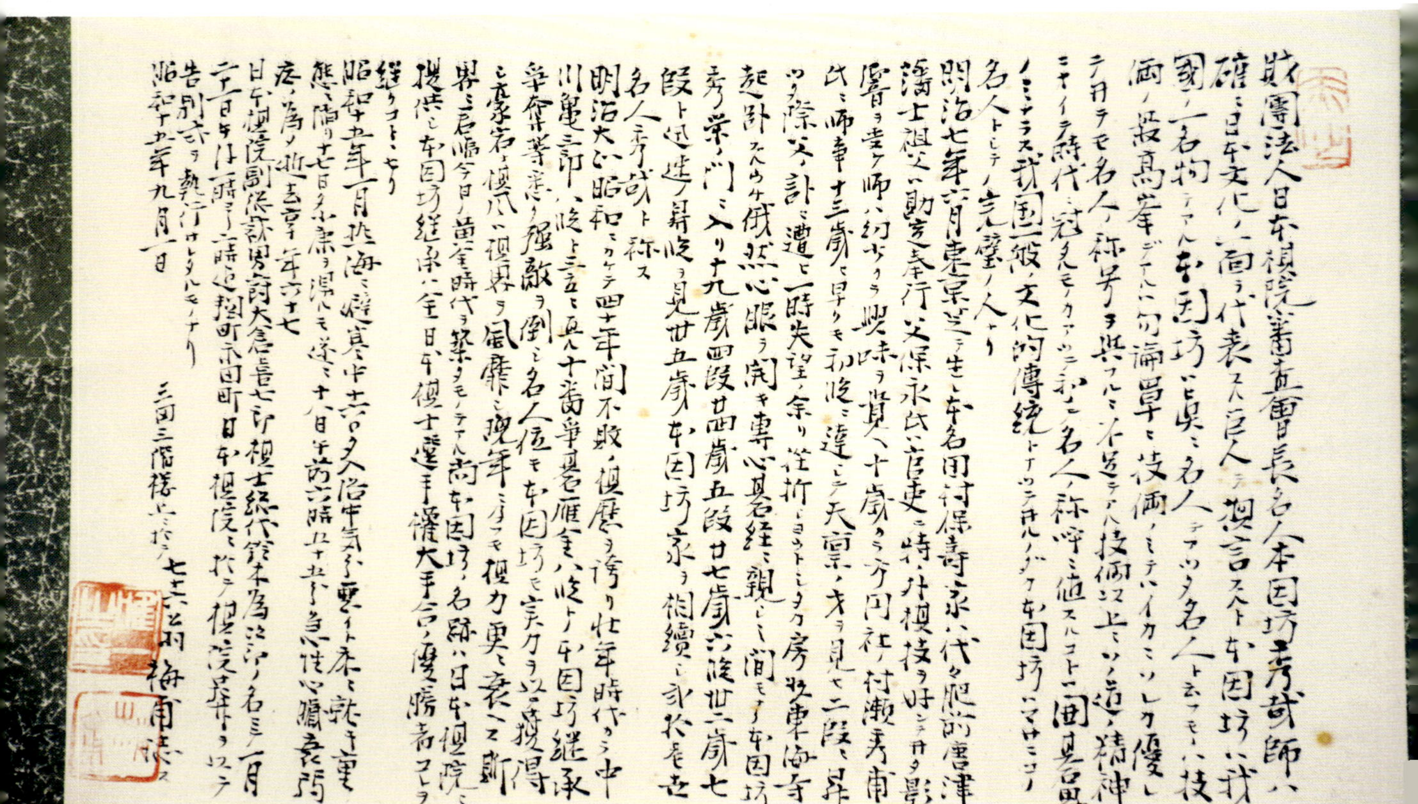

財團法人日本棋院審查會長名人本因坊秀哉師ハ
確ニ日本文化ノ一面ヲ代表スル巨人デアルト換言スレバ本因坊ハ我
國ノ一名物デアル本因坊ハ累ニ名人デアツタ名人トイフモノハ技
術ノ最高峯デアルト同時ニ論畢ト技術ノミデハイカニソレガ優レ
テヰテモ名人ノ称号ヲ與ヘルコトハ不可デアル技術以上ニ道ノ精神
ニナイテ時代ニ冠絶スルモノガアツテ初メテ名人ノ称呼ニ値スルコトニ囲碁界
ノミナラズ我国一般ノ文化的傳統トナツテヰルノダガ本因坊ハマサニソノ
名人トシテノ完璧ノ人ナリ
明治七年六月東京芝ニ生レ本名田村保壽家ハ代々肥前唐津
藩士祖父ハ勘定奉行父保永氏ハ官吏ニ時ニ外棋技ヲ好ミテカタ影
響ヲ受ケ師ハ幼少ヨリ興味ヲ覺ヘ十歳カラ方円社ノ村瀬秀甫
氏ニ師事十三歳ニ早クモ初段ニ達シテ天稟ノ才ヲ見セ二段ニ昇
ツタ際父ノ訃ニ遭ヒ一時失望ノ余リ挫折ショウトシタガ房州東海寺ニ
起臥スルコト俄然心眼ヲ開キ専心碁経ニ親シミ間モナク本因坊
秀栄ノ門ニ入リ十九歳四段廿四歳五段廿七歳六段廿二歳七
段ト迅速ノ昇段ヲ見廿五歳ノ本因坊家ヲ相續シ永於老去
名人ニ昇リ秀哉ト称ス
明治大正昭和ニカケテ四十年間不敗ノ棋歴ヲ誇リ壮年時代カラ中
川亀三郎ノ晩ト云ヒ互ヒ十番争碁雁金ノ晩ト本因坊継承
争奪等ノ強敵ヲ倒シ名人位モ本因坊モ実力ヲ以テ獲得
シ本宗家ノ棋界ハ棋界ヲ風靡シ晩年ニ及ンデモ棋力更ニ衰ヘズ斯
界ニ君臨今日ノ盛全時代ヲ築クモノデアル而本因坊ノ名跡ハ日本棋院ニ
提供シ本因坊継承ハ全日本棋士選手權大手合ノ優勝者コレヲ
継グコトニセリ
昭和十五年一月熱海ニ避寒中十六日夕人俗中気ニ更イト床ニ就キ重
態ニ陥リ十七日夕小康ヲ得ルモ遂ニ十八日午前六時五十五分急性心臟衰弱
症ノ為ノ逝去享年六十七
日本棋院副総裁男爵大倉喜七郎棋士總代鈴木為次郎ノ名ニテ一月
二十日午后一時ヨリ二時迄麹町永田町日本棋院ニ於テ棋院葬ヲ以テ
告別式ヲ執行サレタルモノナリ
昭和十五年九月一日
三団三階樓上ニ於テ 七十六翁 梅甫誌ス

8. 本因坊秀哉书“心机总在不言中”立轴

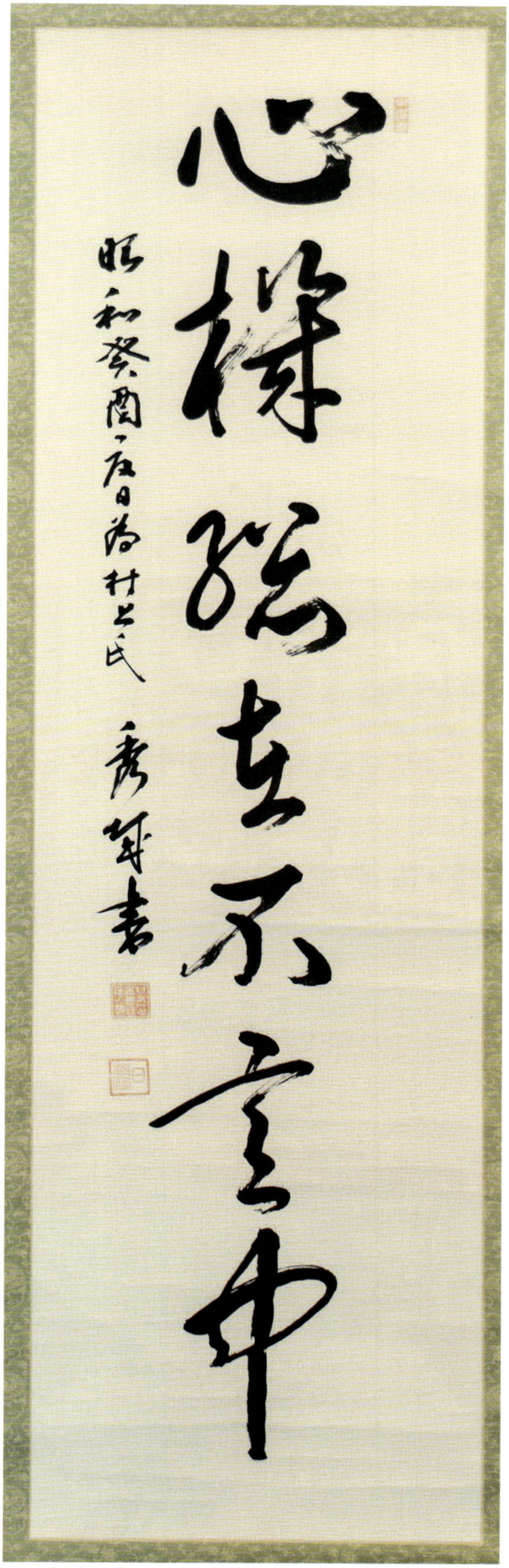

本品一行书“心机总在不言中”，署“昭和癸酉夏日　为村上氏　秀哉书”年名款，钤阴文“二十一世本因坊秀哉”阳文“日温”朱印，并有引首章“乐生保寿”。

癸酉年为公元1933年，是年夏日，秀哉正在准备接受日本棋院选手权战优胜者挑战，有村上氏求字，乃欣然命笔，也恰好反映了秀哉此际心境。“心机总在不言中”无出典，心机一词最早见于南朝梁何逊《穷鸟赋》：“虽有知于理会，终失悟于心机。”后佛家亦多用，《佛学大辞典》（术语）对“心机”一词解释为“心之发动也”。

“总在不言中”见诸宋释印肃《金刚随机无尽颂　其八　化无所化分第二十五》诗：

总在不言中，一默绝狐踪。
若不是文殊，维摩枉费工。

秀哉化此句为“心机总在不言中”一抒围棋心境，正所谓“一默绝狐踪”，与先辈大师幻庵所书“百战百胜不如一忍，万言万当不如一默”有异曲同工之妙。

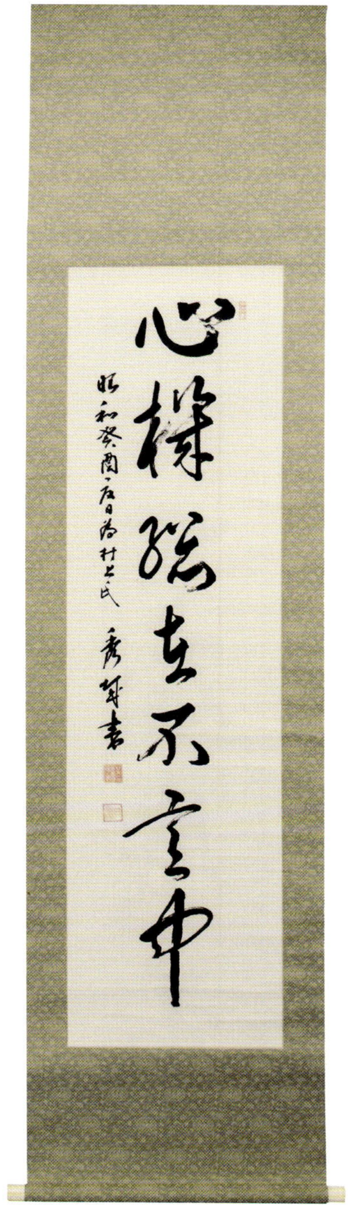

9. 本因坊秀哉书“一志成万事”立轴

本因坊秀哉一行书“一志成万事”，笔力遒劲，墨色饱满，左“昭和乙亥初夏　秀哉书”款，钤“二十一世本因坊”阴文朱印，“秀哉”阳文朱印。引首章“乐生保寿”。

王阳明谪贬贵州龙场，曾讲学龙冈书院并著《教条示龙场诸生》，对学生以四事相规，第一规即为“立志”。文曰：

> 志不立，天下无可成之事。虽百工技艺，未有不本于志者。今学者旷废隳惰，玩岁愒时，而百无所成，皆由于志之未立耳。故立志而圣，则圣矣；立志而贤，则贤矣；志不立，如无舵之舟，无衔之马，漂荡奔逸，终亦何所底乎？

人须立志，且须立大志，古人云：“立大志者成中志，立中志者成小志，立小志者不得志。”志存高远，此之谓也。然又有古人云：“小人常立志”，志常立而常隳，不若不立，故君子立一志，一志既立，可成万事！

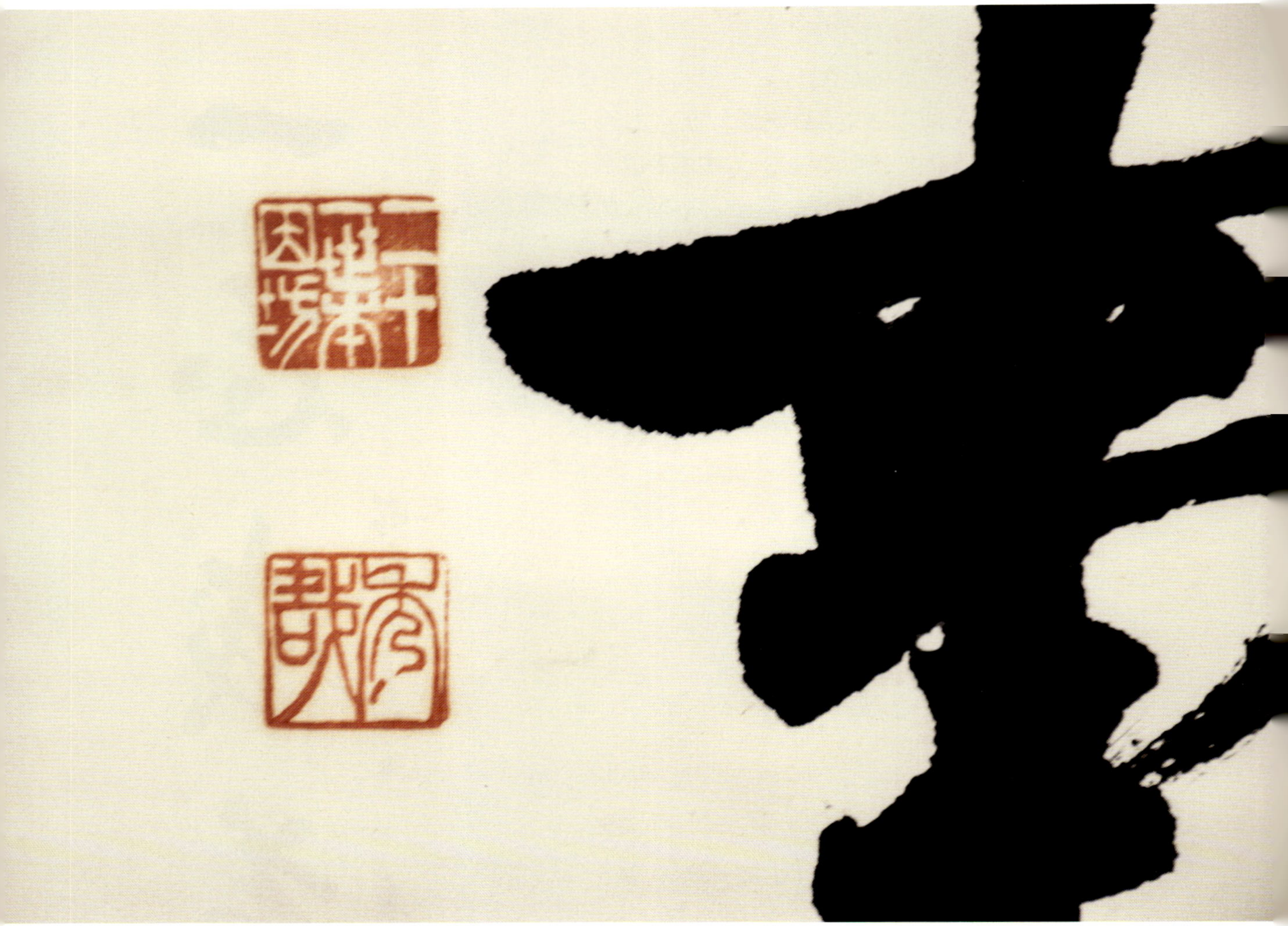

秀哉此书，深谙王阳明之要旨。

10. 吴清源书“温故而知新”立轴

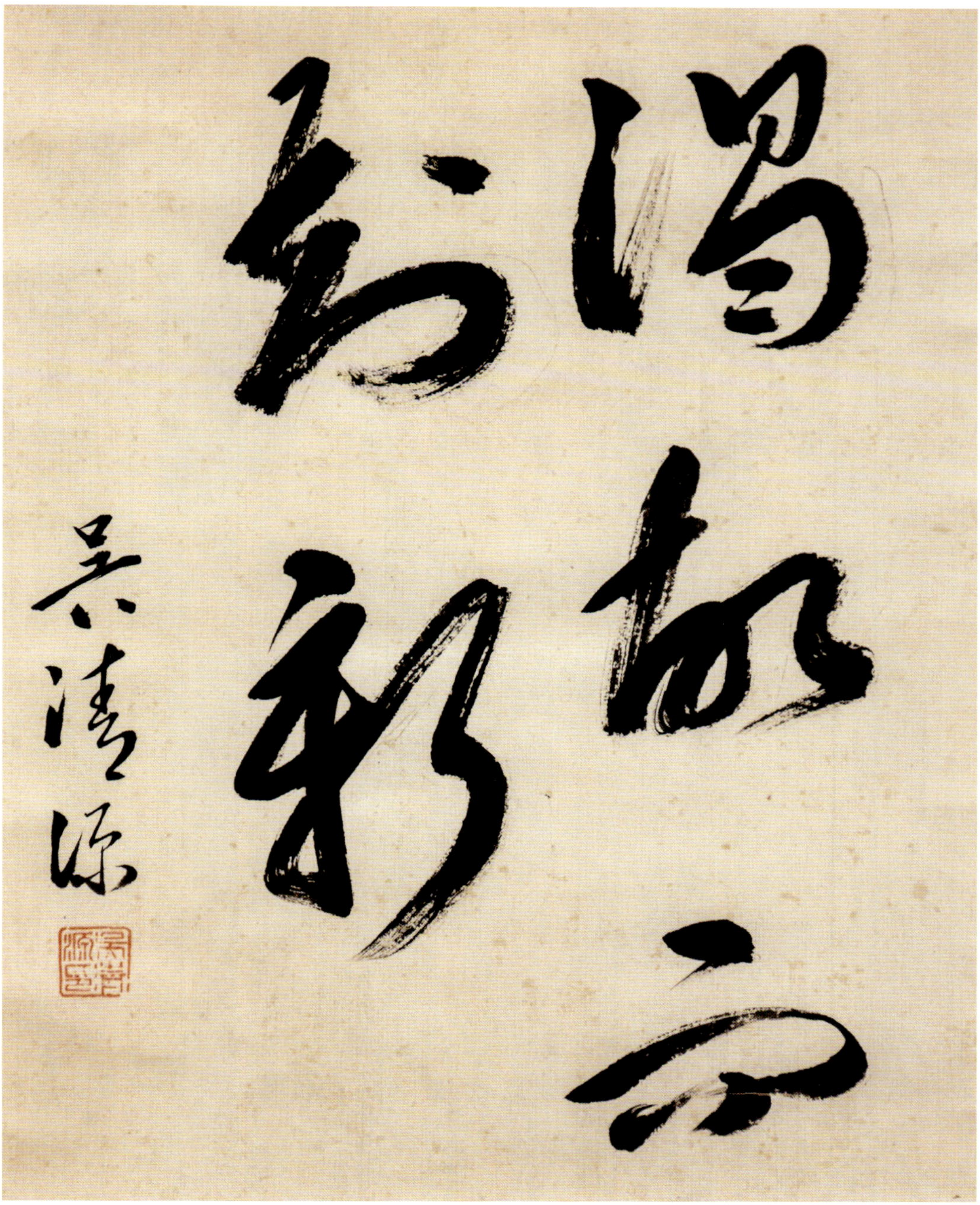

吴清源（1914-2014），祖籍福建省福州市，出身名门望族，少时家道中落，以棋名，后举家迁入北京，得当时国务总理段祺瑞赏识，并资助其东渡日本，拜围棋巨匠濑越宪作门下。才华尽展，曾在十番棋擂台赛中击败了当时所有超一流高手，被誉为“昭和棋圣”。其一生于棋坛几乎所向无敌，雄踞天下，傲视群雄，实为棋界无冕之王。吴清源所提出的新布局思想，影响了日本一代棋人，后人尊之为围棋泰斗。晚年致力于提携后进、促进围棋国际化和中国围棋的发展，更融中华文化之精华，以“中”之精神为核心，提出21世纪的围棋——六合之棋，的最新围棋理论和指导思想，与近年兴起的人工智能围棋战略构思不谋而合。吴清源是世界围棋历史上首位百岁棋士，他曾经说过“一百岁后我也要下棋，二百岁后我在宇宙中也要下棋”。其对围棋的执着精神，与其对围棋的贡献相映成辉，可谓前无古人，后生可追。

此幅书法立轴，两行草书笔力遒劲，又不失法度，畅若游龙，行云流水，五字两行书跃然纸上，字布珠玑，行聚神气，书吴清源三字穷款，钤“吴清源印”一方名款阳文朱印，虽至简而极见功力，与通篇相得益彰，更长精神。

“温故而知新”语出《论语》子曰：“温故而知新，可以为师矣。”此句虽为大众所知，甚为常见，但能彻悟此中深意者不多。宋理学家朱熹《论语集注》所释发人深省：“故者，旧所闻。新者，今所得。言学能时习旧闻，而每有新得，则所学在我，而其应不穷，故可以为人师。若夫记问之学，则无得于心，而所知有限，故《学记》讥其‘不足以为人师’（《礼记·学记》：“记问之学，不足以为人师”），正与此意互相发也。”吴清源大师参透此理，故书以警醒自励，并毕生身体力行，不断于温故中知新，终破前人禁锢，首创“六合之棋”。

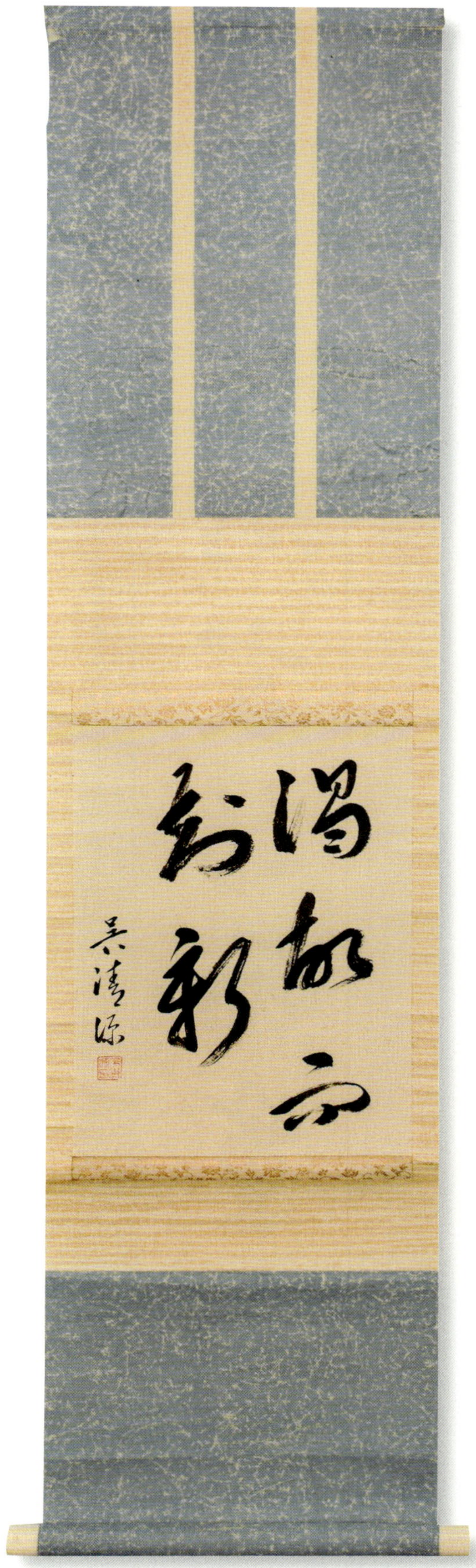

幅纵122cm，横30.5cm
本纸纵34cm，横26cm

11. 吴清源书“以实行为重”立轴

此幅书法立轴一行“以实行为重”五字，用笔老道，韵味十足，落穷款吴清源，无纪年，钤阴文“吴清源”方印，阴文“平息”小章引首。当是吴大师晚年之作。日本原装原裱。

纵122cm，横32cm

“以实行为重。”

语出宋朝理学大家朱熹《朱子语类》卷九，《论知行》：

知、行常相须，如目无足不行，足无目不见。论先后，知为先；论轻重，行为重。

《朱子语类》以朱熹与其弟子问答的语录所集成书，朱熹师事“二程”（程颢、程颐）三传弟子李侗，继承并发扬光大“二程”的理学思想，形成程朱理学，成为宋之后的元明清三朝的官方哲学思想。朱熹也成为中国历史上继孔子之后的第一教育大师。其“格物、致知、诚意、正心、修身、齐家、治国、平天下”的“至理名言”更成为后世学子奉为经典的座右铭。

朱熹论知与行曰：“方其知之而行未及之，则知尚浅。既亲历其域，则知之益明，非前日之意味。”也强调“行”的重要性。其实早在唐代，唐代文学家、哲学家、散文家和思想家柳宗元在《三赠刘员外》诗中就曾有“信书成自误，经事渐知非”的诗句，表达了知识需经实践检验的哲学思想，而更早的《荀子·儒效》“闻之而不见，虽博必谬；见之而不知，虽识必妄；知之而不行，虽敦必困。”便是“以实行为重”的始发之音。王阳明说：“知者行之始，行者知之成：圣学只一个功夫，知行不可分作两事。”

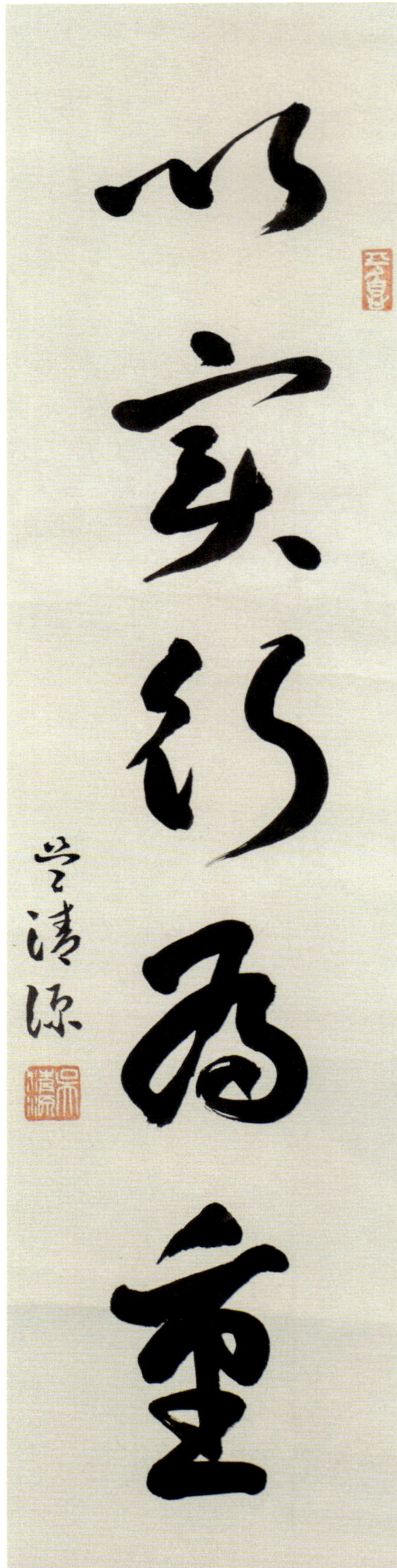

吴大师书“以实行为重”以铭，劝勉后学：围棋亦需经过千锤百炼的实践，或能达到炉火纯青之化境。弈者不仅需要书房理论，更须“以实行为重”。

12. 本因坊秀格书“胜败在天”立轴

日本著名的围棋先哲井上幻庵因硕大国手曾有名言“围棋乃运之技”，幻庵棋才佼佼，却时运不济，终其一生未能登上名人之位，对围棋的运气成分深有体悟。无独有偶，日本著名的九段棋手、名誉棋圣藤泽秀行先生也曾说“围棋乃运之艺”，但藤泽先生运气明显好于幻庵，他大器晚成，终在50多岁时取得棋圣六连霸佳绩，获名誉棋圣头衔。

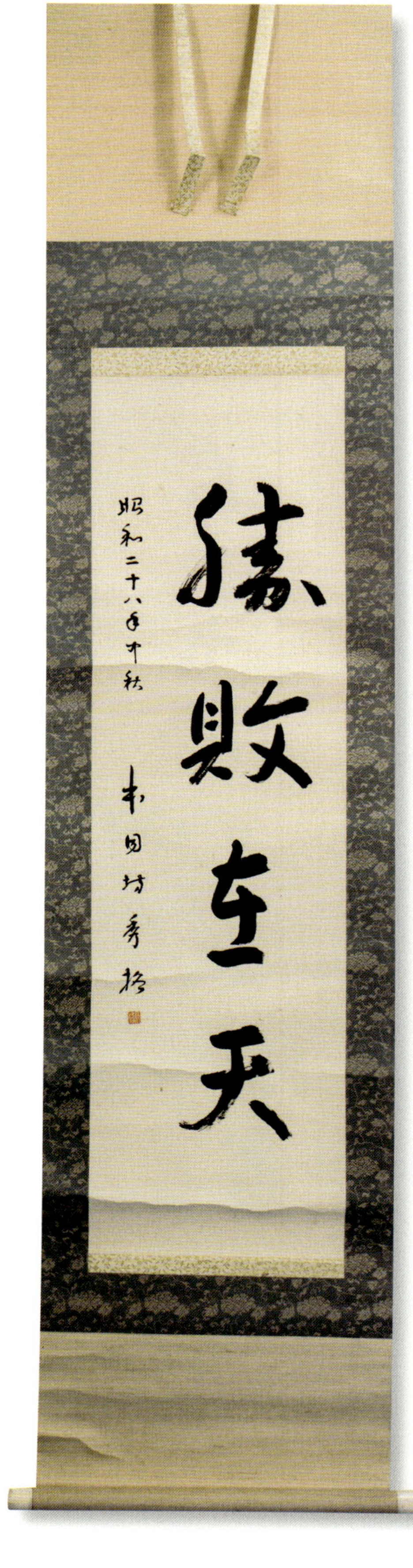

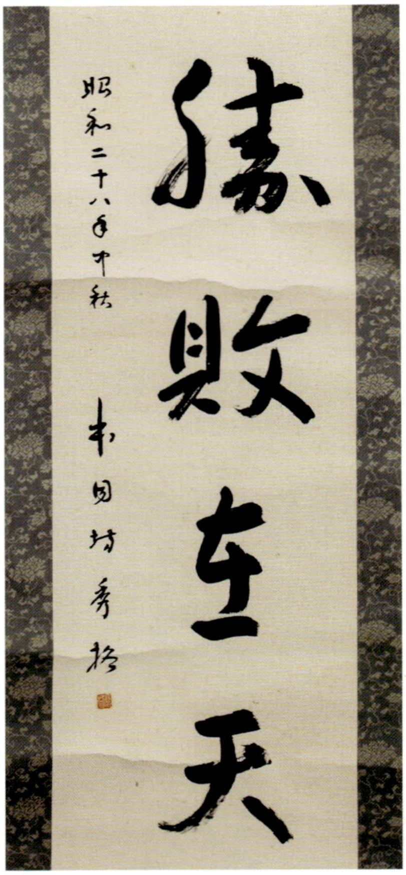

高川先生虽曾称霸于上世纪50年代，当是有围棋气运之人，但在其围棋生涯中也一定不乏运气不佳的惜败之局，故书“胜败在天”抒发感慨，倒是与幻庵大国手、秀行名誉棋圣英雄所见略同。

本品书于“昭和二十八年中秋”，署“本因坊秀格”名款，钤阴文“高川格”朱印。

13. 本因坊秀格书“黑云白雨”立轴

此件高川先生书法作品构思简洁，章法明快，墨色自然，行笔流畅。行草书“黑云白雨”一行四字端庄秀丽，左“昭和三十一年秋　本因坊秀格”行书款清新脱俗。钤“秀格”阳文朱印名章。棋如其人，字如其人，高川先生的书法一如棋风，当得“流水不争先”之评。

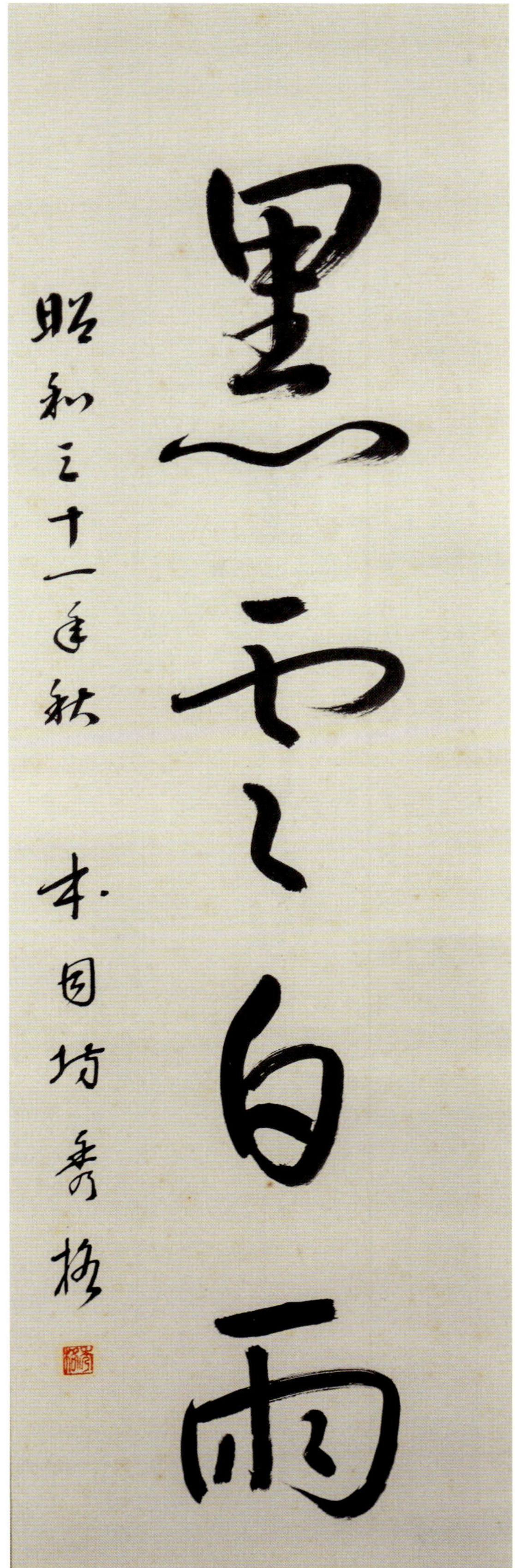

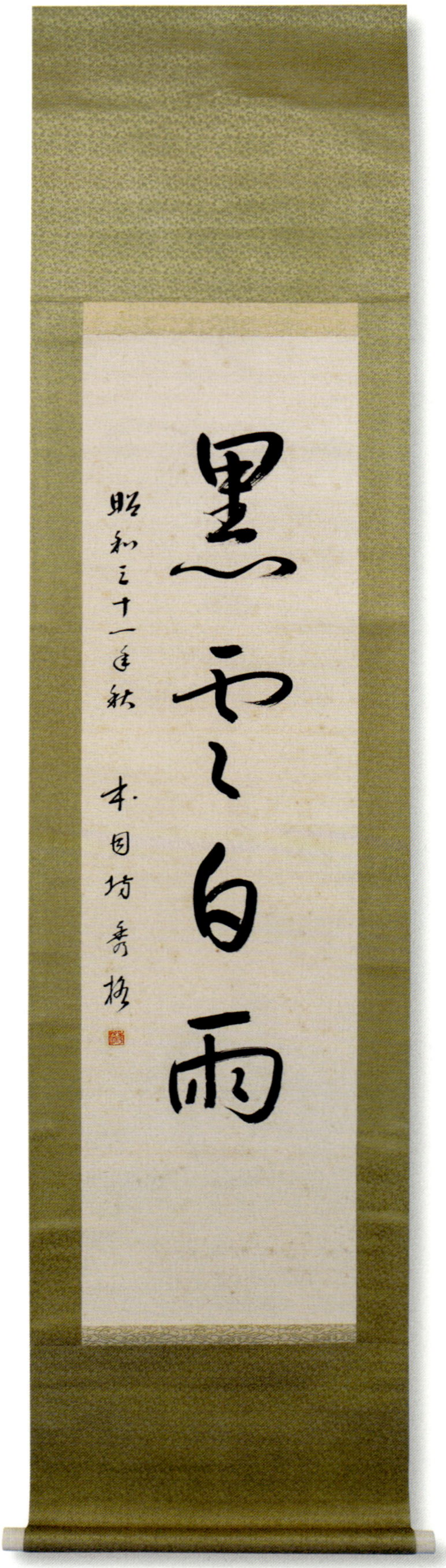

所书“黑云白雨”四字未见出典，唯记得苏东坡《六月二十七日望湖楼醉书》诗：“黑云翻墨未遮山，白雨跳珠乱入船。卷地风来忽吹散，望湖楼下水如天。”诗中有“黑云翻墨”“白雨跳珠”之形容，此句所描述的虽是苏轼于杭州西湖望湖楼上醉眼望云，酒酣听雨之趣境，然“黑云白雨”“翻墨跳珠”之动态景象，或许令高川先生联想到弈者争棋，丁丁落子之意趣，黑白子交替敲枰，也与“黑云翻墨”“白雨跳珠”差可比拟。细品“黑云白雨”个中意味，高川先生此幅作品所书虽非名言警句，却令人遐思，余韵无穷……

14. 本因坊剑正书“和光”立轴

本品为不可多得的加藤正夫先生书法作品，仅书“和光”二字，署“本因坊剑正”穷款，钤阴文“本因坊”阳文“剑正”朱印，引首章“不动如山”。字如其人，和光二字浓墨重彩，飞白破之，苍劲有力，用笔老到。

本因坊劔正

“和光”语出《老子·道经·第四章》：道冲，而用之或不盈。渊兮，似万物之宗。挫其锐，解其纷，和其光，同其尘。老子认为，大“道”冲虚，虽空而无形，但取之不尽，用之不竭。道之深远，便如渊海，道乃万物之宗，与世俗同流而不合污，自掩光华，混迹尘境而周旋于尘境有无之间，应物无方，不留去来，所谓“先天而天弗违，后天而奉天时”便可悟得大道，这便是“和其光，同其尘”之大义。对于“和其光，同其尘”，历代大儒亦有注疏，如曹魏经学家王弼注：“无所特显，则物无所偏争也；无所特贱，则物无所偏耻也。”吴澄注：“和，犹平也，掩抑之意；同，谓齐等而与之不异也。镜受尘者不光，凡光者终必暗，故先自掩其光以同乎彼之尘，不欲其光也，则亦终无暗之时矣。”后人以“和光同尘”指随俗而处，不露锋芒。

“和光”亦可用之于围棋之道，围棋的本质在于平衡，无所特显，则无所偏争，无所偏争，则可保持平衡而立于不败之地。加藤先生棋风犀利，长于争战，善屠大龙，有“剑子手”之誉，故书“和光”以诫勉自警。

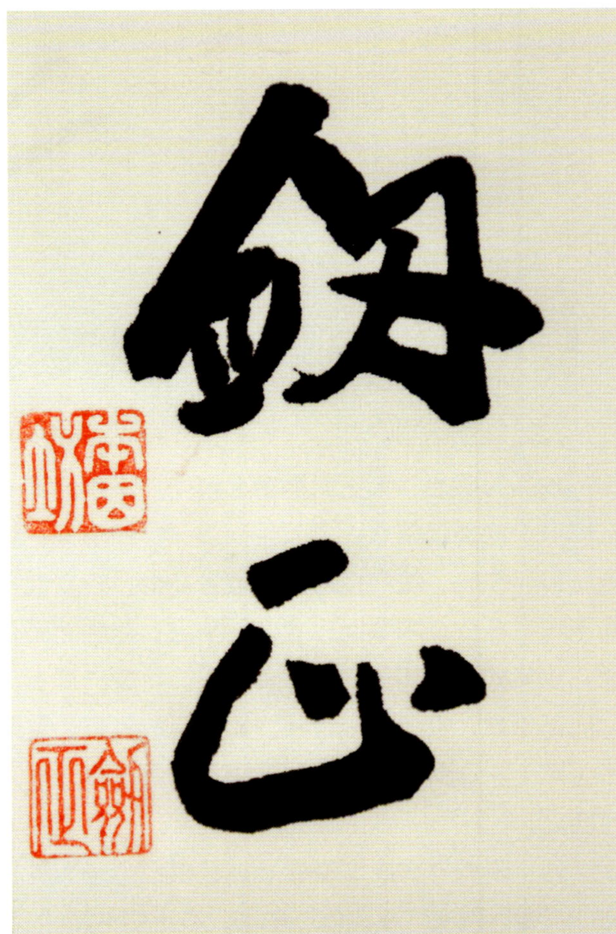

15. 广濑平治郎书“玄玄棋经”折扇

本品为明治、大正时期著名棋士广濑平治郎七段所书扇面真迹，其文节录自《玄玄棋经》度情篇第八：“人生而静，其情难见；感物而动，然后可辨。推之于棋，胜败可得而先验。法曰：持重而廉者多得，轻易而贪者多丧。不争而自保者多胜，务杀而不顾者多败。因败而思者，其势进；战胜而骄者，其势退。求己弊不求人之弊者，益；攻其敌而不知敌之攻己者，损。目凝一局者，其思周；心役他事者，其虑散。行远而正者吉，机浅而诈者凶。能自畏敌者强，谓人莫己若者亡。意旁通者高，心执一者（卑）。语默有常，使敌难量。动静无度，招人所恶。《诗》云：‘他人之心，予忖度之。’”

题“昭和岁次戊寅晚春录玄玄棋经中一节”，“七段广濑平治郎”年名款。钤阴文“广濑”阳文“平治郎”朱印，右上引首章“我家兵法”。

广濑平治郎七段，明治、大正期间日本方圆社著名棋士。20岁才开始正式学棋，21岁入方圆社，28岁入段，明治三十年（1897年），广濑平治郎以三段身份代表方圆社挑战坊门年轻一代最高手田村保寿（后来的本因坊秀载名人），在两次十番棋中均获胜，交手棋份从让先降至先相先，分先，成为方圆社中流砥柱。大正七年（1918年）曾受段祺瑞之邀访华。大正九年（1920年）广濑平治郎任方圆社社长，两年后因病离职。门下英杰辈出，著名棋士岩本薰、加藤信等人皆为其弟子。

昭和乙亥年为1938年，此扇距今已近百年，却保存完好，书法上佳，颇为难得。

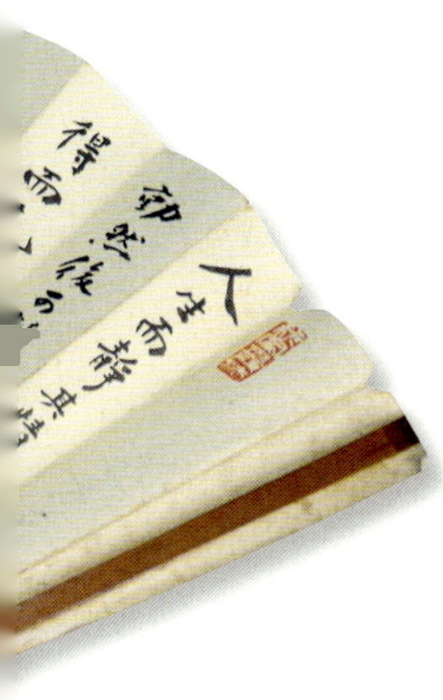

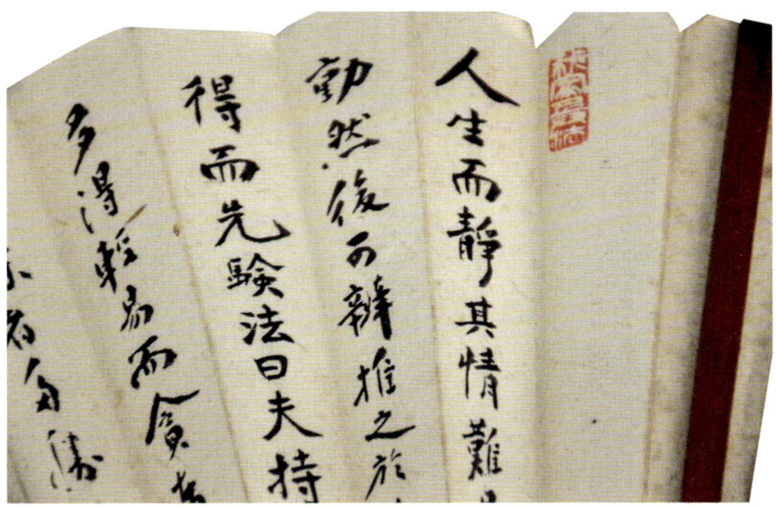

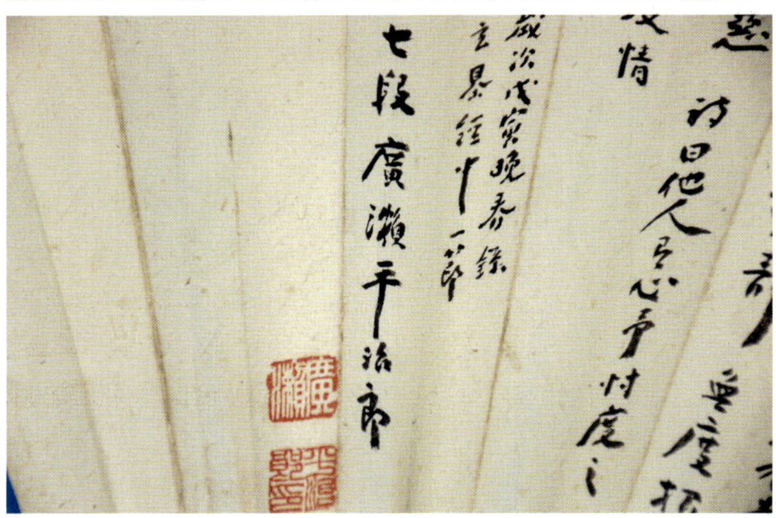

16. 濑越宪作书“心机在不言中”折扇

本品为濑越宪作书扇面真迹，所书“心机在不言中”与前文秀哉、头山满所书“心机总在不言中”有一字之差，缺一“总”字，是由于扇面章法所限，其义大同。

有“昭和乙亥夏　瀨越宪作书”年名款。钤阴文“宪作”，阳文“鲤城”朱印，右上引首章“静虚”。

昭和乙亥年为1935年，此扇距今已近百年，却灿然如新，品相上佳，不可多得。

二、名家围棋题材书画

1. 安土桃山时代大和绘《设局待客图》绘扇

本品为大和绘绘扇图。

从汉魏六朝，日本开始了与中国的政治经济文化交流活动，到了唐代，日本更是频繁派大批的遣唐使到中国学习汉文化，传统的琴棋书画四大艺术也自然而然地融入大和民族的血液之中。为了区别中国绘画和带有明显日本民族特色的本土风格，日本称中国风格的绘画为绘、空绘，而将古日本绘画技巧称之为大和绘，又名和绘、陆绘。大和绘历史悠久，具有浓厚的大和民族绘画技巧特色，其创作风格及绘画技巧充分体现了日本人的审美观点，大致在平安时代定型，对后世的浮世绘创作技法有着深刻的影响。大和绘常用的一种媒介称之为绘卷物，当然，绘卷物也有其他画作类型的，不过其中大和绘的类型占绝大部分。

绘卷物就是画卷，是日本绘画史上的一个耀眼的明珠。绘卷物题材极为丰富，如物语、历史、公卿、武士、战争、歌仙、传说故事、寺社缘起、高僧传等。由于绘卷物描绘的是故事，内容丰富，篇幅冗长，涉及面广，对于现代人了解古代日本的民俗、街景、建筑、食物、武器、服装等有直观的认识作用，因此对研究日本古代历史与文化甚至政治，经济，民俗等都有不可估量的意义。

绘卷物最大的特点是异时同图，即不同时间的画面在同一副画卷上表现出来。绘卷物的另一特点是在描绘屋内场景时，会把屋顶去掉。而中国的画卷所描述的都是同一时空的画面，在描绘屋内场景时也不会去除屋顶。

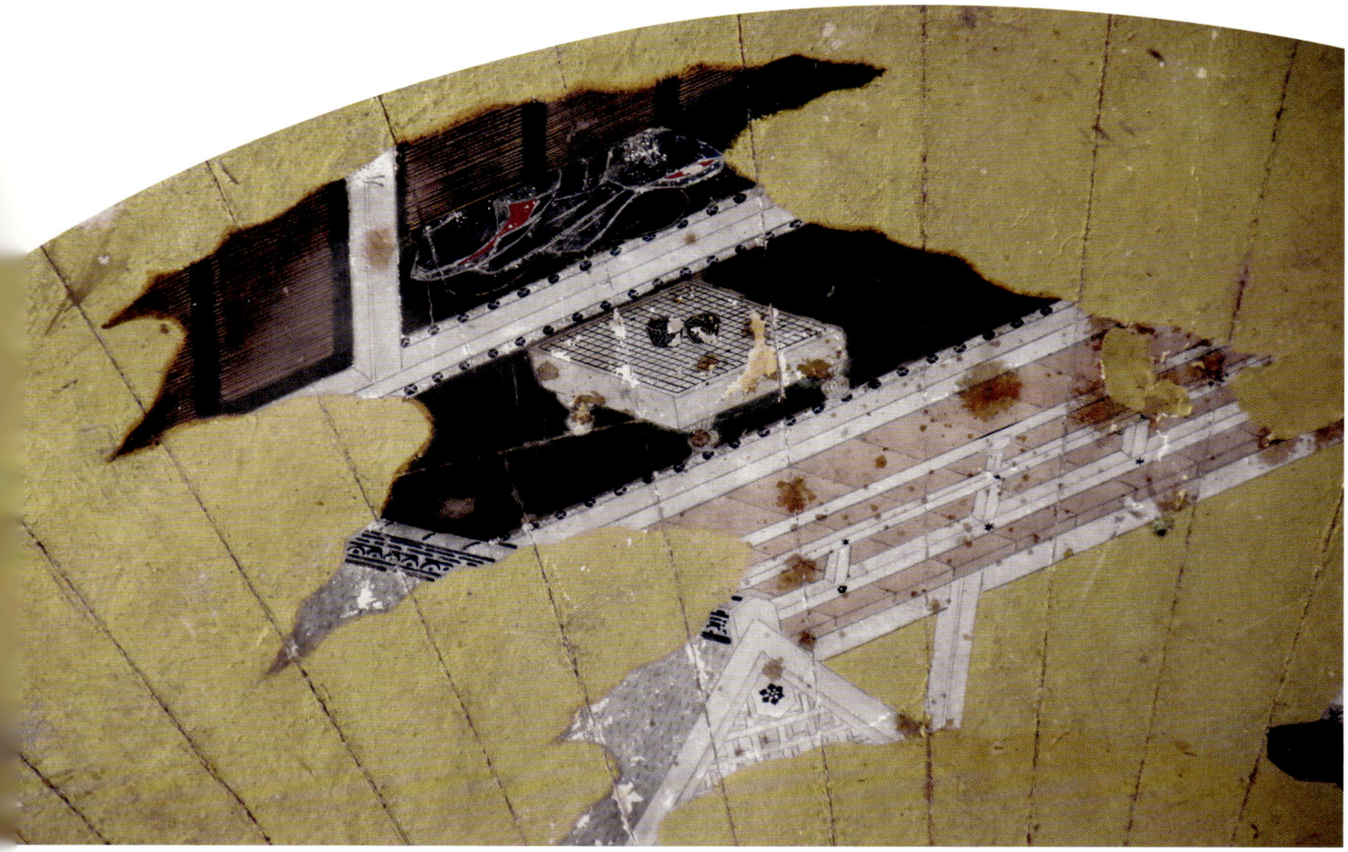

日本早期的和扇称为绘扇，中国发明的团扇传入日本之后，经过改良，渐渐演变为折扇，而后传入中国。最早的折扇是日本发明的，系由薄片状的扇骨组成扇面，每根扇骨分离，合拢起来便是折扇，与今天的折扇大致相似，但展开的时候形状并不完美。后来日本工匠在扇骨上又覆盖贴纸，使扇面成为一体，才逐渐形成现在的造型。和扇在日本不但是纳凉的工具，也是日本文化的一个重要标志。和扇与腰带、提袋、木屐一样，是在正式场合中整套和服的不可或缺的一部分。在日本，折扇有着美好的寓意，日本人把折扇作为最常见的馈赠佳品，折扇打开时向两边伸展，象征着人走的路愈来愈宽广、前途日益光明。因此，绘扇便发展为一种独立的绘画艺术，在日本的艺术殿堂里占有至关重要的一席之地。在古代，公卿所用折扇为白骨扇子，而武士使用黑骨扇子。人们通过折扇便可辨明某人身份。

本品为安土桃山时代作品，画作是典型的大和绘绘扇技法，扇面金漆底色灿然发光，富丽堂皇，极尽华美之气，画面所呈现的是贵族日常生活场景，屋内一副棋局，展现了主人高贵文雅的气质，屋外主人慵懒恬淡，似是主人设局待客而客未至，乃闲步庭院，素手撷花，是当时贵族生活的一般写照。画作整体略有斑驳，充满时代气息，欣赏画作，仿佛穿越到了安土桃山时代……

本品是不可多得的围棋题材的珍贵艺术品。

2. 岩佐又兵卫大和绘浮世绘《肥马弈棋图》

岩佐又兵卫（1578—1650）又称岩佐胜以。安土桃山时代、江户初期的风俗画家，本姓荒木，普遍认为是战国大名荒木村重的幼子，出生于武士之家，其父荒木村重是“战国三杰”之一织田信长家臣，但因发动谋反几乎被灭门，年仅两岁的又兵卫因乳母的保护幸运地获救，从此以母亲的姓氏自称。岩佐又兵卫有“浮世绘元祖”之美誉，工大和绘，兼工元明水墨山水。曾师从其父荒木村重旧时的家臣狩野内膳。狩野内膳是与俵屋宗达齐名的江户初期大和绘画师。

作为画师，又兵卫初仕福井藩主松平家，1637年（宽永十四年），岩佐又兵卫已近迟暮，受幕府之召往江户，为江户初期风俗画家。又有说其师不详，有土佐光则说、狩野松荣说等。曾浪游各地，本应成为武士的岩佐又兵卫只得依靠书画谋生，他吸收包括牧豁、梁楷的水墨画和日本的狩野派、海北派、土佐派等多派风格融于一体，形成自己的流派。

受土佐光则的绘画风格影响。又兵卫人物画特色鲜明。他画的人物大多魁梧雄壮，人物面部形象大多表现为丰颊长颐。其所创作的人物都十分生动，往往强调人物失去平衡的极端动态，令人印象深刻。他广泛涉猎各种绘画技法，挑战日本、中国的各种题材，融合多种不同的元素，终于自成一家之风。岩佐又兵卫画作涉猎题材虽多，但其用一生的时间不断挑战的经典题材却是《源氏物语》，传世代表作有《三十六歌仙图》《源氏物语图》《伊势物语图》等。所传作品多藏于日本各大美术馆。

本幅作品是典型的浮世绘画法，在同一幅画面中展现不同时空的事务。画面下半部分是生动的弈棋场面，上半部分一肥马嘶缰，动感十足。

有“胜以画之”款，钤阳文朱印“岩佐氏”八角圆章。

3. 铃木春信《弈棋仕女图》镜芯

铃木春信　江户（今东京）人，生年不详，有说生于1725年，1770年6月15日卒于江户。铃木春信原姓穗积，通称次郎兵卫或次兵卫，号思古人。日本画家，浮世绘早期的代表人物。据传他曾从师于西村重长，其实春信画风受奥村政信和西川佑信的影响更大。1765年，受到中国明清拱花印法的启发，在拓印时往往压出一种浮雕式的印痕。产生出一种多色木版画，被称之为锦绘。这种锦绘在江户艺术家中迅速流行开来，春信在锦绘的创立中积极推动浮世绘雕刻师和印刷师的技术协作，发展了浮世绘的表现形式，发挥了重要作用。其作品多以茶女、歌舞伎为题材，创造出独特可爱，婀娜多姿的美人画样式，其画作呈现着诗一般的韵律，被称为春信式。其中取材于古典和歌而表现当世风俗的作品，流露出受宫廷审美意识支配的优雅的余韵，而描绘纯真爱情和表现市井和谐的日常生活的作品，又散发着世俗的朴素情感。代表作有《座敷八景》《雪中相合伞》《夜雨美人图》等。

铃木春信在他逝世前的四年中就创作了六百多套木版画，春信的画散发着具有根深蒂固的日本精神的艺术气息，对明和时代的版画有着决定性的影响。不仅如田湖龙斋等专门画仕女图的大师们模仿他的风格，就是擅长画演员肖像画的如胜川春章和一笔斋文调等人也采用他优美的表现手法。其画风对当代和后世的浮世绘绘画的艺术风格都产生了巨大影响。

本幅画作具有鲜明的铃木春信画作的艺术风格，画中两美人对弈，一人凝目沉思，另一人捻子未决，虽神态各异，却各致风韵，画面简约，并无背景陪衬，却不乏诗的律动。是绝无仅有的铃木春信关于围棋题材的传世之作，弥足珍贵。有“铃木春信画”款，钤阴文“春信”朱印。

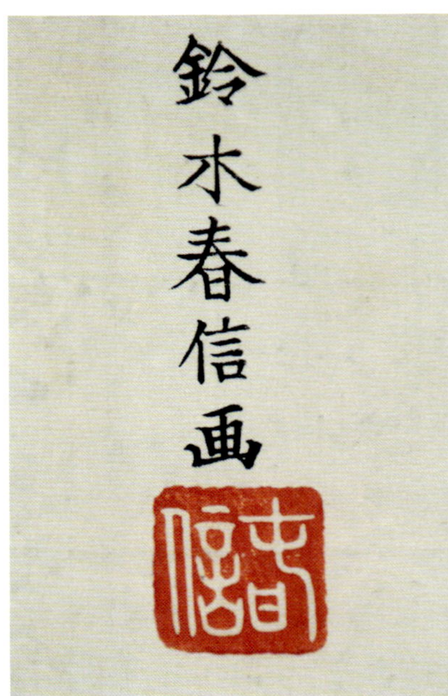

此品为原作未托裱，纵29.2cm，横46.3cm

4. 与谢芜村《橘中烂柯图》陈氏韩霖赞

本品为绢本立轴

本纸纵91cm，横29.5cm

整幅纵150.5cm，横43cm

画中商山四隐橘中对弈，构图新颖，栩栩如生，留白处有题画诗：

豹骇与狮蹲，颇具飞来势，

北里岩可栖，神游于其际。

署韩霖款　朱印“陈宜氏”引首章“笑醒”。

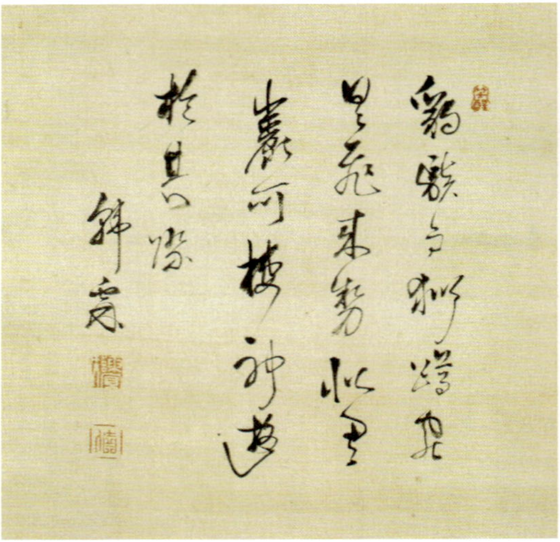

右下有“日东与谢长庚写”款，钤阳文朱印“长庚”“春星”章。与众不同的是，两枚印章均以前阴后阳印法刻之，即同一枚印章中，前一字刻阴文，后一字刻阳文。

与谢长庚（1716年-1784年）江户中期的俳句诗人、画家。姓谷口，后姓与谢，号芜村，名信章。俳号为宰鸟、夜半亭（二世）等，画号为四明、朝沧、长庚、春星等，晚年称谢寅。长庚画风集中国画、舶载画谱画法等各派之所长，形成自己独特的画风，与另一画家池大雅共同活跃于江户中期日本画坛。

与谢长庚幼具画才，宽保二年（1742年）27岁时，因崇拜松尾芭蕉，追随其足迹周游东北地区。之后又游历丹后、赞岐等地，遍历名山大川。42岁以后定居京都。天明三年（1784年），在京都病逝。其画山水人物俱佳，多幅画作如《山水图》《十便十宜图》《红白梅图》《苏铁图》《山野行乐图》等被日本定为重要文化财产，并为各大美术馆，博物馆收藏，列为国宝。

此幅画作取材于商山四皓题材，将“围棋初非人间之事，其始出于巴邛之橘，周穆王之墓，继出于石室，又见于商山，仙家养性乐道之具也”之大论以画作形式进行了生动的诠释。

5. 竹村生宪《松瀑对弈图》

本品为竹村生宪画《松瀑对弈图》山水人物立轴。

竹田生宪（1777—1835），即日本江户后期的著名文人画家田能村竹田，名孝宪，字君彝，通称行藏。号“竹田生”画款常题“竹田生宪”，另有“九叠外史”等号。生于丰后国竹田村（今日本九州大分县竹田市）。出身医生世家，世代服侍山冈藩中川家。竹田少时所学颇杂，尤好汉诗之学。后承家学从医。因其学问出类拔萃，为藩主赏识，22岁时，藩主特拔任藩学（官学）“由学馆”教习。

翌年，竹田教学之余，为编辑《丰后国志》，开始巡视国内各地，遍观山水。1801年入江户（今东京）。途中偶遇当时日本最著名的收藏家木村兼苇堂，并在江户拜访著名画家谷文晁求教画道。

竹田生宪常与赖山阳、浦上玉堂、春琴父子、筱崎小竹等当时一流文人画家交流，画艺大进，竹田致力于中国文人画正统传承，多所临摹，形成了其独特的艺术风格。终成日本文人画家的代表。其著名的作品有《稻川舟游图》《船窗小戏帖》《亦复一乐帖》等。其中，《亦复一乐帖》《梅花书屋图》等作品被定为日本“重要文化遗产”。

竹田于画论见解独到，所著《山中人饶舌》《竹田庄师友画录》等画评专论，在现代仍被认为是具有研究价值的重要的绘画理论著作。

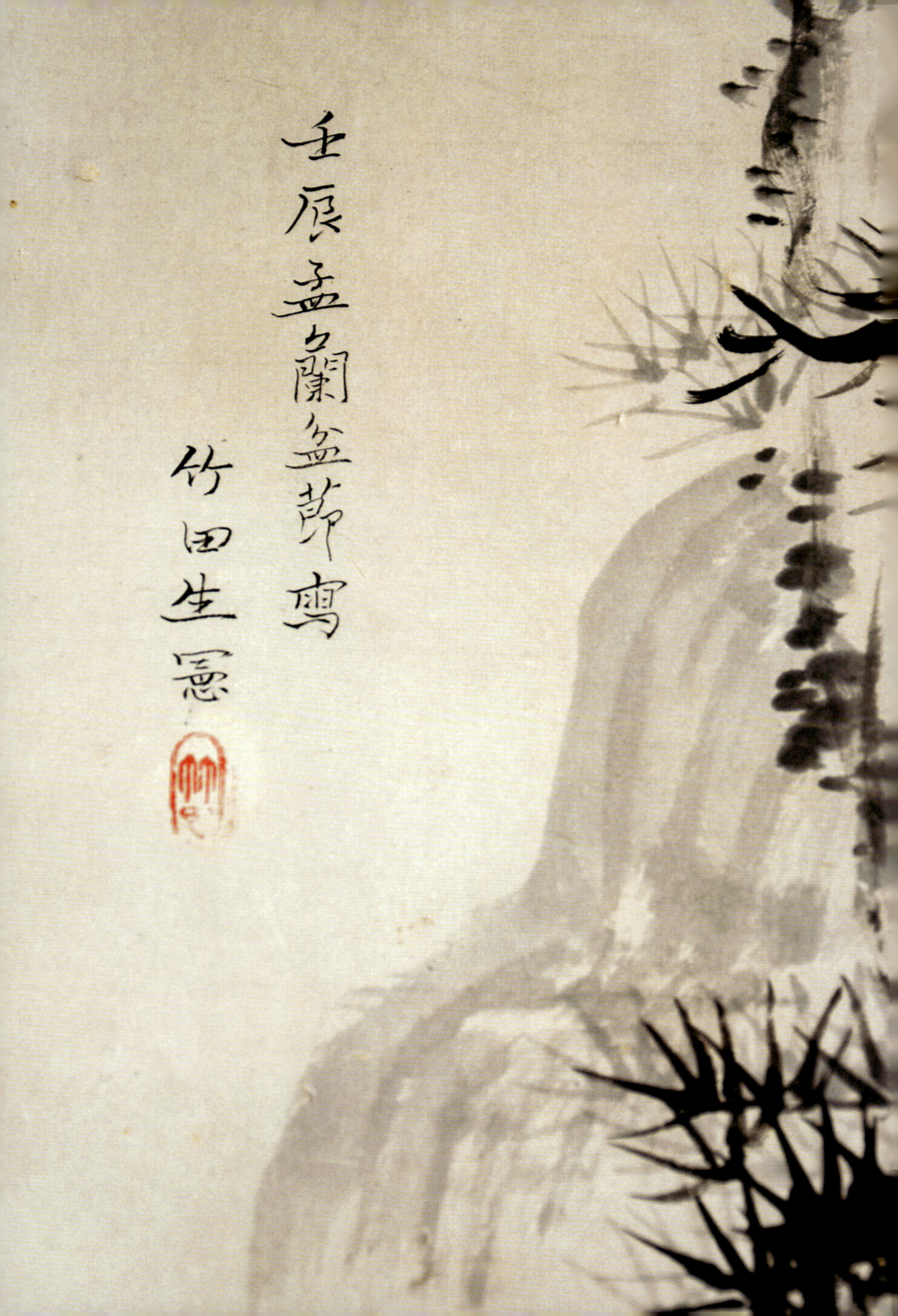
壬辰孟蘭盆節寫
竹田生寫

本品为竹田壬辰年（1832年）作品，有“壬辰年盂兰盆节写竹田生宪”款，钤“竹田”阳文朱印。

盂兰盆会是汉语系佛教地区根据《佛说盂兰盆经》而举行的超度历代宗亲的法会。所谓盂兰盆，据《佛说盂兰盆经疏》所说：“盂兰是西域之语，此云倒悬；盆乃东夏之音，乃为救器。若随方俗，应曰救倒悬盆。”法会的形成渊源于这部八百余字的佛经，经中说：目连以天眼通见其亡母生饿鬼道，受苦而不得救拔，因而驰往白佛。佛为说救济之法，感召其母回心向善，以离苦厄，是于七月十五日众僧自恣时，为七世父母及父母在厄难中者，集百味饭食安盂兰盆中，供养十方自恣僧。七世父母得离饿鬼之苦，生人、天中，享受福乐。这就是盂兰盆会的缘起。

盂兰盆节在日本飞鸟时代传入日本，已成为日本仅次于元旦的盛大节日。盂兰盆节在日本又称“魂祭”“灯笼节”“佛教万灵会”等，原是追祭祖先、祈祷冥福的日子，现已是家庭团圆、合村欢乐的节日。每到盂兰盆节时，日本各企业均放假7-15天，人们赶回故乡团聚。节日期间家家都设魂龛、点燃迎魂火和送魂火，祭奠祖先。一般在阳历的8月13日前后迎接祖先的灵魂，和活人一起生活4天，16日以送魂火的方式把祖先的灵魂送回阴间。京都的“大文字烧”就是这个活动的顶峰。另一种欢送的形式是盂兰盆舞，夏夜，在太鼓声中，男女老少穿着浴衣起舞，已成为日本著名的观光活动。

此品为典型的中国文人画风格水墨山水画，画中林泉高致，松瀑苍古，野叟赌棋，仙风道骨，整幅画作疏朗空灵，韵味悠远，是竹田不可多得的传世佳作。

6. 三浦黄鹤《手谈隐逸图》

三浦黄鹤，字修龄、主龄，三浦梅园长子　明和元年（1764）生，江户后期儒者，教育家，文人画家，学元明古法，工山水。撰有《先府君李山先生行状》等书。

三浦梅园

三浦梅园是日本著名的学者，思想家，所撰《玄语》《赘语》《敢语》，被称为“梅园三语”，号称宇宙书，宇宙人生书、伦理书。其中《玄语》一书写作历时23年，易稿23次才完成。

还有关于政治、经济的论文《价原》《丙午封事》等，前者阐明伴随商品经济的发展、贫富分化增长情况下货币的本质，被评价为可与同时代经济学家亚当·斯密的理论相提并论，影响深远。

三浦梅园兴趣广泛，除哲学社会科学方面外，所学涉及天文、地理、医学、博物学等，曾亲制天球仪，观察天体。刊有《梅园全集》全二卷、《三浦梅园集》。

此幅画作略显老旧，图中二叟对局，一叟观弈，远处有细瀑飞流，人物精妙诙诡，构图清新奇巧，匪夷所思。右上题诗补白：

“从来不识仙家乐，千载春秋在弹指，如问吾曹会心处，一瓶寒水烹茶时。”落“思堂”穷款，钤阳文“修龄”朱印。

7. 文晁弟子　武清《童嬉对弈图》

此幅为江户后期著名的南派画家喜多武清传世之作，有穷款“武清笔”阳文圆朱印“鹤翁千秋万岁”，方朱印“可庵”印，右下压脚章“日遁（古适字）少年场”紧扣画题。

图中数童子野游嬉戏，小憩对弈，生动活泼，形态各异，构图奇巧，用色明快，布白合理，颇具章法，是武清传世之作中不可多得的精品。

喜多武清（1776–1857），江户时期后期的南派画家，字子慎。号为可庵，另有五清堂、一柳斋、鹤翁等画名。通称荣之助。出生于江户。

武清是江户后期著名画家谷文晁的入门弟子。

宽政八年（1796年），武清20岁时，为编撰《集古十种》，和其师文晁一起游历关西，临摹了诸多古社寺的宝物，并研究狩野派和琳派画法，并将其所临摹古寺社之构图集而成册做成《武清缩图》。终其一生，武清作画孜孜不倦，并打破不是浮世绘师的画家不画读本插画旧俗，亲自动手绘制读本的插图，并有美人画、折叠品、画谱等传世。

武清十分敬仰狩野派的狩野探幽，亦擅长花鸟图、山水图。中年以后画名高涨，入其门者络绎不绝。武清居八丁堀竹岛，与渡边华山、曲亭马琴、大田南畝、锹形炖斋等人私交甚笃。可惜天保年间武清居所遭遇火灾，所藏大量的粉本缩略图尽付一炬，对此，渡边华山等挚友对于失去这份宝贵资料深感惋惜。

武清于安政三年（1857年）81岁时去世。葬于芝二本榎清林寺。法号“洞玄院幽誉可庵武清居士”。弟子中有以漆喰抹画而闻名的入江长八、柴田是真等。由于亲子喜多武一在武清之前嘉永年间早逝，所以由养子武一继承衣钵。

武清曾擅自将北山的肖像画雕刻在版木上，以三百钱出售，北山的门人怒斥，抢版木之后绝交。

武清出版刊物有《扇面画谱》《喜多武清粉本》《可庵画丛》等，日本多家美术馆都有其传世作品收藏。

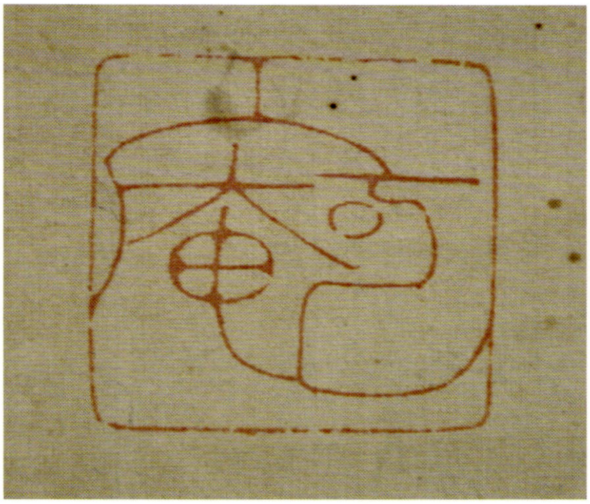

8. 津田秋皋《松蹊观弈图》

津田秋皋是日本江户时期末期著名的教育家、儒学家、汉学家，诗人广濑淡窗（1792-1856）弟子。广濑淡窗于1807年自建学舍“桂林庄”（后改称“咸宜园”），广招学徒，有门生三千之称。广濑淡窗的教育方针是，入学时不分学生的年龄、学历、身份，而通过每月公布学生成绩的月评表，借此激励他们努力学习。其主张将各学派相融合，为折中派代表学者。著有《约言》《迂言》《淡窗诗话》等，晚清俞樾曾评其诗“平淡之中自有精彩”。

据昭和四十九年（1974年）出版的中野范著《咸宜园出身八百名略传集》及昭和五十四年（1979年）出版的大塚富吉著《大分县画人名鉴》书载，津田秋皋，名兴，又称文三郎，号秋皋，又号无肠，于文政四年进入咸宜园，从广濑淡窗习艺。学有所成回乡专事绘画，与同门平野五岳等人诗画酬唱，往来甚密。评其“天性巧妙，其画作尤其色彩鲜艳，佳作甚多”。

本品用色鲜艳，虽近200年，仍如新作，人物形态栩栩如生，二叟对弈，一叟静观，苍松蹊径，纤毫毕现，无题句，落“秋皋生”穷款，钤阴文“津田兴印”及阳文“字唯平”印。

9. 兴陵《南极仙翁会八仙图》

本品以中国“八仙”故事为题材，画中人物有抚琴者，有赏画者，四组九人，形态各异，尤以南极仙翁观张果老与汉钟离对弈画面生动有趣。有“安政三丙辰秋九月为枥原喜乐子 兴陵”钤款。

兴陵是幕末著名画家，生平事迹不详。受赠者枥原喜乐子亦是藏画者，生平事迹亦不详。

右上有“毛诗集句百峰山人题”“茨吉士福禄如其多矣，蔼蔼于灿洒扫物”行草补白。钤阴文“牧锐”“百峰生”朱印。

茨·吉士福禄如其多矣，蔼蔼于灿洒扫物。

语出《小雅·楚茨》《诗·小雅·伐木》：

“于灿洒扫，陈馈八簋。”“蔼蔼王多吉士，维君子使，媚于天子。”

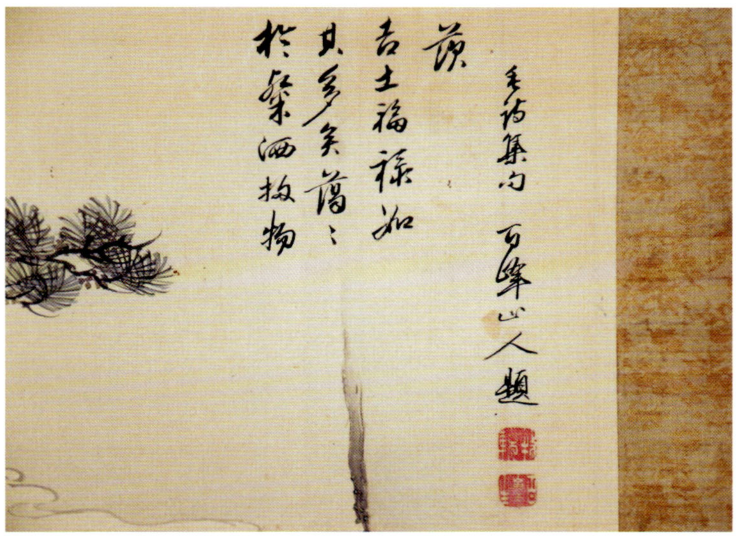

牧百峰（1801–1863）名锐，江户后期著名大儒，享和元年生，美浓（岐阜县）出身，居京都，字信侯，又作信麿、信吾。通称善助，又作善辅。自号百峰山人，别号憨斋。赖山阳后年门下，著有《憨斋漫稿》。文久三年二月十三日去世，享年63岁。

收纳桐箱书“太上老君同会八仙　喜乐所藏”，定此画名《太上老君同会八仙》有误，南极仙翁骑鹿，太上老君坐骑为牛，画中有鹿呦呦，显然是寿星佬南极仙翁，故定此画名为《南极仙翁会八仙图》。

10. 冷泉　菅原为恭大和绘绘卷物源氏物语《仕女弈棋图》

此幅作品为冷泉恭所作源氏物语《美人围棋图》挂轴。

纵192cm，横53cm，画芯纵106cm，横41cm。有桐箱，绢本。

冷泉为恭（1823-1864年），是幕府末期复古大和绘画师。幼名晋三。出家后法号心莲。原名狩野永恭，又更名为冷泉为恭（冷泉）后为藏人所冈田氏养子，（藏人所是日本战国时期作为天皇的秘书官经常从事宫中的机密文书，从事与太政官的联络和宫中庶务的部门。因为天皇向太政官下命令时，手续复杂容易泄密的缘故，故设此职，多从名门子弟和才能之士中选拔，后势力扩大，也掌握宫中所有的典礼。还有，藏人所长官可以说是通往上级大臣的阶梯。藏人所原本作为天皇家的家政机关，负责书籍、御物管理、机密文件的处理和诉讼。藏人的“藏”还包含了后宫十二司之一的藏司的意思（设置藏人所时，尚武代行了作为藏司长官的尚藏的职务）。不久，他便不再参与诉讼，夺走了侍从、少纳言局和主鹰司等其他组织的职掌，成为负责诏书、上奏的传达、警卫、事务、杂务等殿上所有事情的机构。被称之为冈田为恭。

冷泉画作中经常使用冈田氏远祖菅原姓氏，署名菅原为恭。冷泉擅长使用最高级的颜料创作浓彩绘画，在障壁画、白描画、佛画中均有建树，今有不少名作存世。

为恭怀念往古，追慕王朝文化，甚至把住所、衣服、生活方式等都改成了平安风。嘉永三年（1850年），为恭成为藏人所众的冈田家的养嗣子，担任藏人所众的角色。同年6月3日被任命为正六位下式部大弼，安政二年一月二十二日转为式部少丞，因此，在为恭的许多作品中，落款署名都有很长的官名职称，这在其他画家的作品中是极为罕见的。

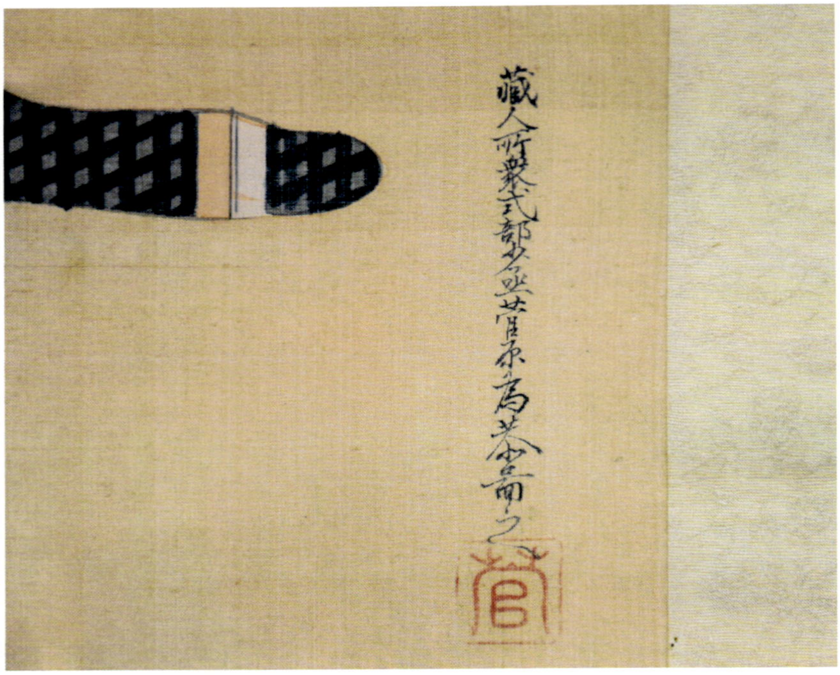

安政二年（1855年），为恭经三条实万的斡旋就职御所工作，后卷入佐幕派与盛尊王攘夷派的斗争，为攘夷派追杀。享年42岁。为恭亦精通佛典，他以描绘天台僧大行满愿海所著的《劝发菩提心文》的插画为契机曾绘很多佛画。本幅画作浓彩重色，特点鲜明，落长款“藏人所众式部少丞菅原为恭图之”也是冷泉的特点，钤阳文“菅”字印。

收纳箱书有“源氏物语之绘为恭笔”字样。

11. 山雷《高士图》

本幅作品人物众多，以中国传统四大艺术“琴棋书画”为题材，构思精巧，布局生动。左下有“山雷狩野永朝六十七岁笔”款，钤福禄阳文“山雷”朱印。

狩野永朝，天保二年至明治三十三年，幕末、明治时期的著名的狩野派画家，字白驹，别号山雷，通称内记，狩野山乐直系九代传人狩野永岳养子。师事永岳，后袭十代目（又有说继承狩野十代正统的是永祥（永详））。弘化年间，永朝应冈山藩首位家老伊木三猿斋的邀请，居住于邑久郡虫明，为虫明烧（日本一种著名的烧瓷）绘画。永朝画风独特，极具张力，深受时人追捧。

山雷狩野永朝六十七歳筆
山雷

永朝久居冈山课徒，于花鸟山水皆能。与日置云外（1829-1918）同为幕府末期到明治时期继承狩野派系谱的冈山画家，实际上深受中国明清画风的影响，已经不能说是纯粹的狩野派了。明治三十三年（1900），永朝逝世，享年69岁。

12. 加藤雨挺《山中对弈图》

本品为幕末、明治时期著名南宗山水画家加藤雨挺围棋题材山水画代表作。

据《爱知画家名鉴》记载，加藤雨艇，名彬，字经明，又名菊三郎，别号悟云、萝石、临池堂等，安政四年（1857年）生于名古屋，少年从学四条派木村云溪，得川崎千虎赏识，多经指点，后师事木村金秋，又转习南宗画派，苦研中国元明古法，山水人物无所不能，尤善画达摩，与渡边秋溪，森田稻子等组成研习会，对中国画法的推广卓有贡献。大正五年（1916年）逝去。

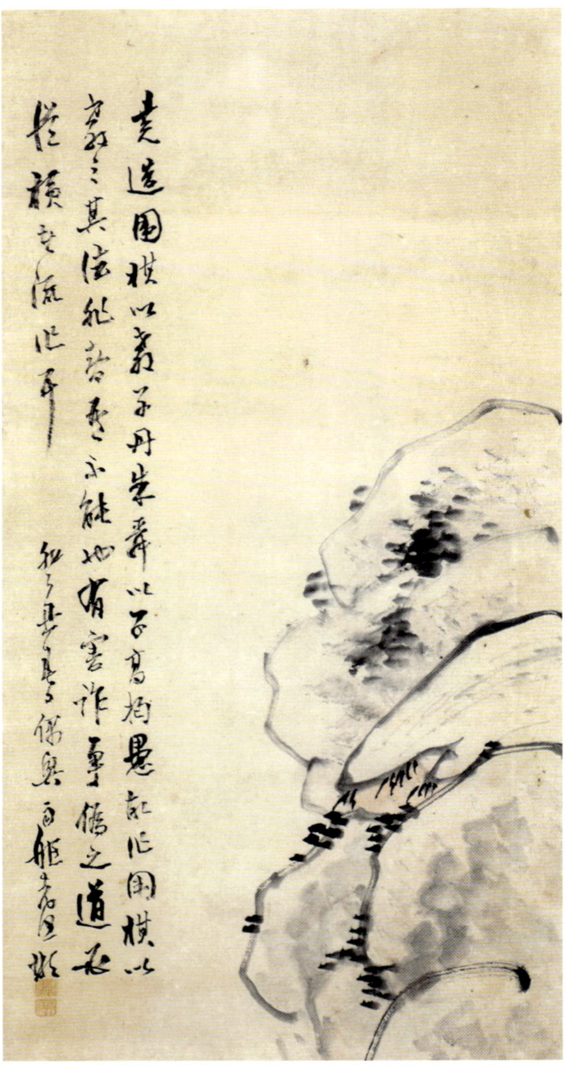

本品为加藤雨挺南派山水之代表作，画面构图并不繁复，用墨空灵，设色清淡，笔法老辣，皴擦率意，颇具元明章法。本品以围棋为题材，左上题句："尧造围棋以教子丹朱，或云舜以子商均愚，故作围棋以教之，其法非智者不能也。有害诈争伪之道，必（原文为当）纵横者流之作矣。"前后文似有矛盾，画者将围棋起源两种说法题于一幅画作之上，未知何意，但从作者题句中亦可看出其对围棋之热爱。

落款“癸丑春日偶兴 雨艇老艉彬”，钤阴阳文朱印各一，前印“艉份（古文彬字）”，后印“雨艇”。

13. 围棋殿堂名人正冈子规绘《三井寺观音大士图》

本品为正冈子规绘观音大士像。

正冈子规（1867-1902年），1867年10月14日出生于日本爱媛县，是日本歌人、俳人。本名常规，别号獭祭书屋主人、竹之乡下人。日本明治时期著名诗人、散文家。

正冈子规的作品有《月亮的都城》《花枕》《曼珠沙华》等。

正冈子规热爱围棋，并一生致力于围棋的发展普及活动。

2017年，围棋殿堂提名候补名单有“井上道节因硕、本因坊道知、本因坊察元、正冈子规、正力松太郎、高川格、坂田荣男、赵南哲、藤泽秀行”共九人，除正冈子规、正力松太郎二人，其他七人均为历代围棋名宿，正冈子规力压诸贤，脱颖而出，入选第十四届围棋殿堂。

日本棋院会馆的地下一层“围棋殿堂资料馆”制作了入选围棋殿堂的正冈子规的浮雕并放置于资料馆内供游客观瞻。

对于正冈子规入选围棋殿堂理由，日本棋院做如下介绍：

正冈子规（まさおかしき）

1867年（庆应三年）–1902年（明治三十五年）伊予国（爱知县）出生。

歌人，俳人，近代俳句和短歌的创立者。另外还以评论和随笔活跃于文坛。说到子规，知道他与棒球的故事的棋迷不少吧。其实他还酷爱围棋，并留下了与围棋相关的众多汉文诗，俳句，随笔作品，为传播围棋文化做出了杰出贡献。今年正逢这位诗人的150年诞辰，这也是他入选的理由之一。

附历届围棋殿堂入选者：

第1届（2004）：德川家康、一世本因坊算砂、四世本因坊道策、本因坊秀策

第2届（2005）：十二世本因坊丈和

第3届（2006）：大仓喜七郎、十四世本因坊秀和

第4届（2007）：十八世本因坊秀甫

第5届（2008）：十七世・十九世本因坊秀荣、二十一世本因坊秀哉

第6届（2009）：濑越宪作

第7届（2010）：木谷实

第8届（2011）：岩本薰

第9届（2012）：陈毅、安井算哲

第10届（2012）：喜多文子

第11届（2014）：桥本宇太郎

第12届（2015）：吴清源

第13届（2016）：宽莲、井上幻庵因硕

第14届（2017）：正冈子规

第15届（2018）：正力松太郎

第16届（2019）：赵南哲、坂田荣男

第17届（2020）：藤泽秀行

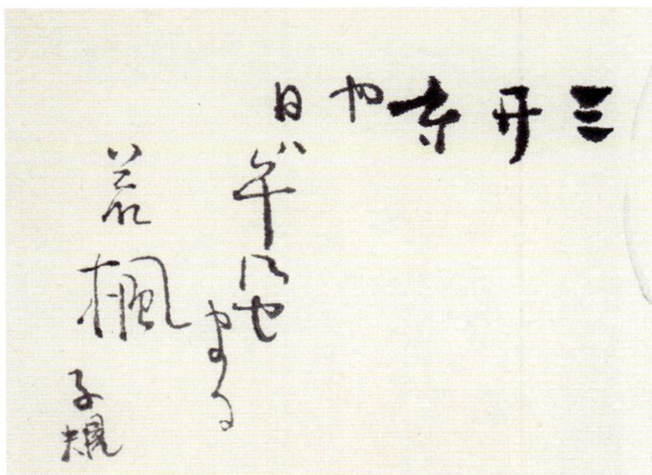

正冈子规的画属于文人小品，画以人名，本品虽为即兴写意之作，但画中人物庄严平和，从中亦能感受到子规先生朝拜三井寺，礼敬菩萨的虔诚。

三井寺为公元674年弘文天皇皇子大友与多王所创，是后成为著名佛教的宗派“天台寺门宗”之总本山。三井寺为日本四大佛寺之一，在历史上曾多次因战火毁坏，又多次复建，故有“不死鸟之寺”美誉。以天智、天武、持统三位天皇诞生之后第一次沐浴所用之水取自于此，故得名三井寺。

寺内有著名的近江八景之“三井晚钟”，并有诸多被誉为国宝的重要文物。从寺内观音堂眺望琵琶湖、大津市街道也是一道亮丽的风景线。

14. 上村松园粉彩《仕女弈棋图》

此幅作品为大和绘粉彩《仕女弈棋图》，画中美人形态各异，婀娜多姿，笔触流畅，色彩鲜艳，具有典型的日本传统画大和绘风格。是不可多得的松原围棋题材的作品。

上村松园（1875-1949）生于京都，明治、大正、昭和前期活跃于日本画坛的著名女画家，继承了日本传统的大和绘技法，擅画美女人物，惟妙惟肖、出神入化。上村松园本名上村津祢。尚未出生，其父病逝，幼承母教，对绘画有强烈兴趣，中学入京都新成立的日本最早的绘画学校。觉得学校教育束缚个性发展，翌年即退学师事画家铃木松年，成为其入室弟子。遂号“松园”，然此举多受亲戚诟病，在明治时代，日本女性以出嫁相夫教子为美德，女子专事绘画不为时人认同。

1890年，松园画作《四季美人图》入选第三次劝业博览会并获得一等褒奖，此幅画作幸运地被来日访问的英国阿瑟亲王买下，松园时年15岁。被誉为京都天才少女而扬名于世。其后，为求进步，松园几度易师，20岁时又师从当时京都画坛泰斗竹内栖凤。从1907年（时年32岁）开始举办的文部省美术展览会以来，松原作品无一例外地每届入选并获奖。从第十届开始便更得“永久无审查”的入选资格。之后，又成为帝展、新文展、日展的审查员，其作品并曾入选纽约举办的万国展览会。

松原一生未婚，育有一子，传闻其父为启蒙师铃木松年。因铃木松年已有家室，松园毅然选择未婚生子而独自承担世人冷眼。其子上村松篁后来亦成为画家，并同母亲一样获得文化勋章。

松原画作以描绘女性为主要题材，正如松园在其随笔中所写的那样：“我想在这幅画中表现出不为任何事物所侵犯的、深藏于女性内心的坚强意志。毫无卑俗，如珠玉般清澄高雅的画才是我的追求所在。”松原作品要表达的是毫无卑俗，如珠玉般清澄高雅的，不为任何事物所侵犯的、深藏于女性内心的坚强意志。终其一生，松原都在用画笔为女权战斗，正如其晚年所写的随笔中所说的：“真是如同战场上的军人一般的浴血奋战。”

1948年，73岁的松园获得了由昭和天皇颁发的文化勋章，成为第一位获得此项殊荣的女性。翌年，松原辞世，享年74岁。后人给予松原以“前无古人，后无来者”之绝高评价。

本品用色鲜艳，层次分明，人物生动，细节逼真，是松原不可多得的描写女性围棋题材的作品，极具收藏价值。

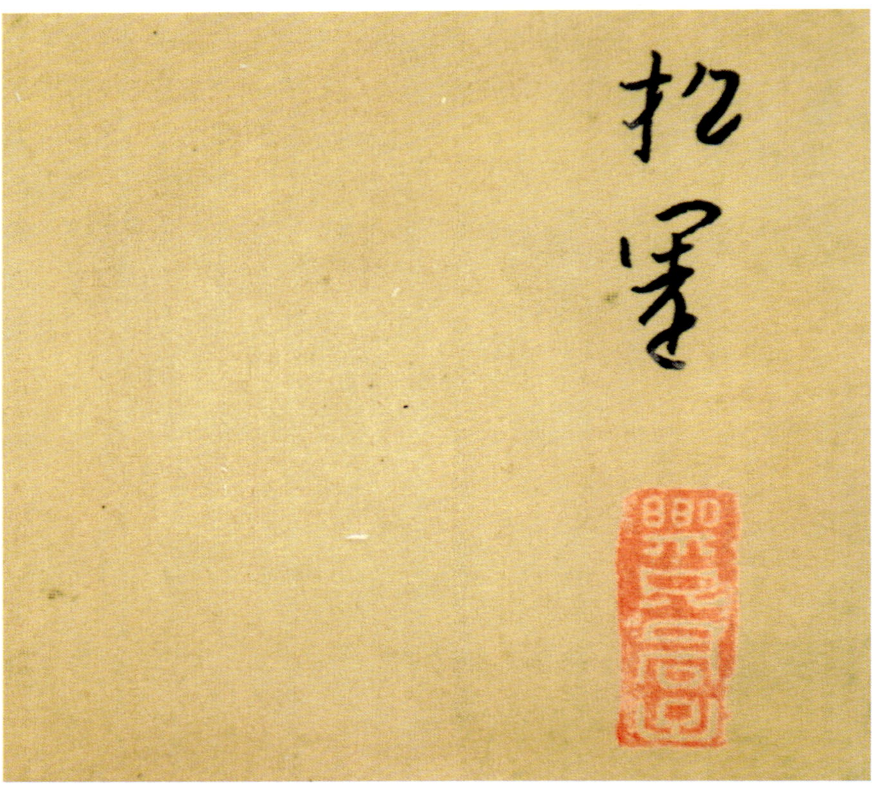

15. 本因坊秀策师之碑拓本

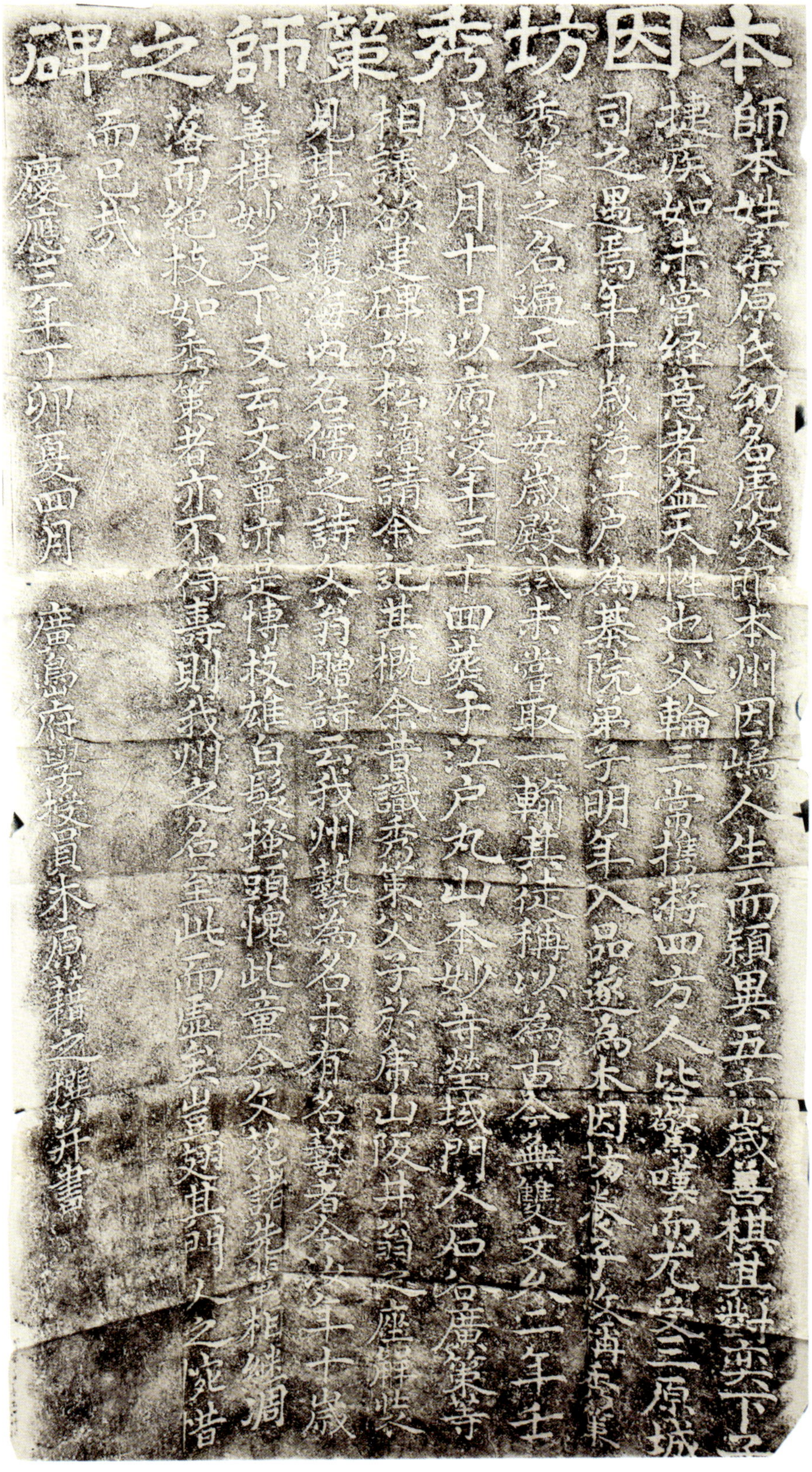

本因坊秀策師之碑

師本姓桑原氏幼名虎次郎本州因島人生而穎異五六歲善棋其對奕下子
捷疾如未嘗經意者蓋天性也父輪三常携游四方人皆驚嘆而尤受三原城
司之遇焉年十歲浮江戸為棊院弟子明年入品遂為本因坊秀和之[illegible]
秀策之名遍天下每歲殿試未嘗取一輸其徒稱以為古今無雙文久二年壬
戌八月十日以病沒年三十四葬于江戸丸山本妙寺塋域門人石谷廣策等
相議欲建碑於松嶺請余記其概余嘗識秀策父子於備山阪井翁之座雅其
見其所獲海內名儒之詩文翁贈詩云我州藝為名未有名藝者今也年十歲
善棋妙天下又云文章亦足博技雄白髮搔頭愧此童今也死諸老推相繼凋
落而絕技如秀策者亦不得壽則我州之名至此而盡矣豈翅其門人之嘅惜
而已哉
慶應三年丁卯夏四月　廣島府學校員木原楢之進撰并書

本因坊秀策师之碑拓纸
幅纵178cm，横85cm

本因坊秀策师之碑拓纸释文。

师本姓桑原氏，幼名虎次郎，本州因岛人。生而颖异，五六岁善棋，对弈下子，捷疾如未尝经意者，盖天性也。父轮三常携游四方，人皆惊叹，而尤受三原城司之遇焉。年十岁游江户，为棋院弟子，明年入品，遂为本因坊养子，改称秀策。秀策之名遍天下，每岁殿试，未尝取一输，其徒称以为古今无双。文久二年壬戌八月十日以病没，年三十四，葬于江户丸山本妙寺茔域。门人石谷广策等相议，欲建碑于松滨，请余记其概。余昔识秀策父子于虎山阪井翁之座，解装见其所获海内名儒之诗。文翁赠诗云：我州艺为名，未有名艺者，今汝年十岁，善棋妙天下。又云：文章亦是惇技雄，白发搔头愧此童。今文苑诸先辈相继凋落，而绝技如秀策者亦不得寿，则我州之名，至此而虚矣！岂翅其门人之惋惜而已哉！

庆应三年丁卯夏四月广岛府学授员木原籍之撰并书。

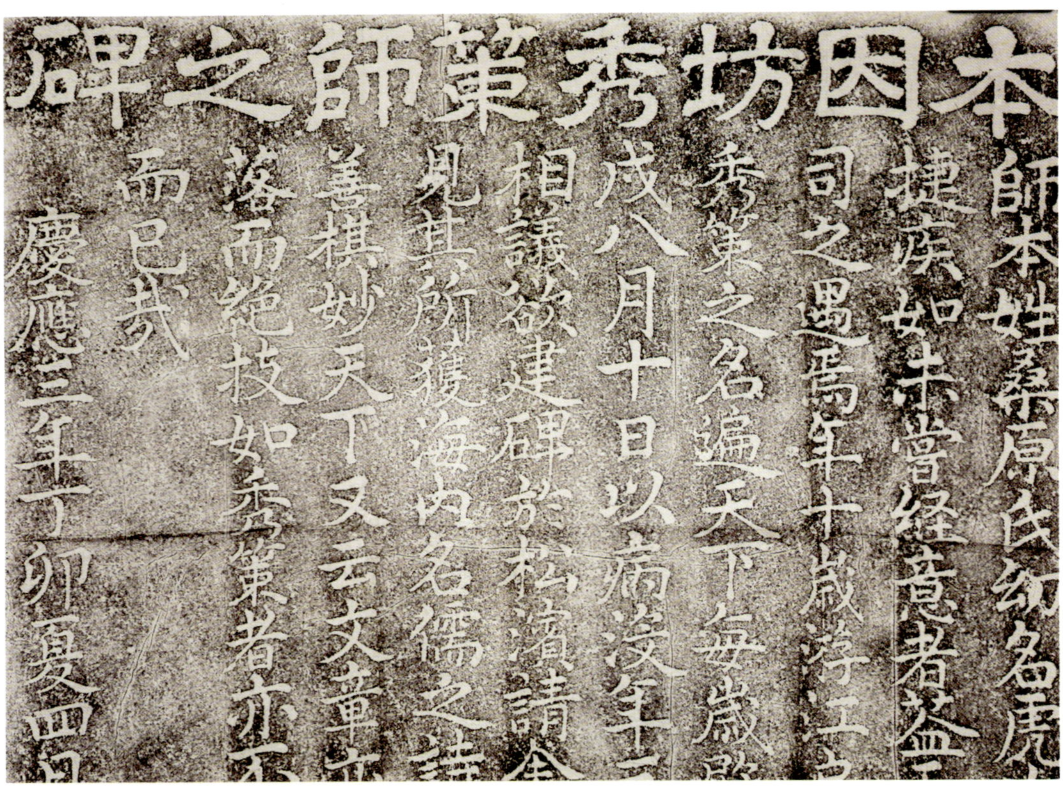
本因坊秀策師之碑
師本姓桑原氏幼名虎
捷疾如未嘗经意者蓋
司之遇焉年十歳游江
秀策之名遍天下每歳
戌八月十日以病没年
相議欲建碑於松濱請
見其所獲海内名儒之
善棋妙天下又云文章
落而絶技如秀策者亦
而已哉
慶應三年丁卯夏四

本因坊秀策师之碑拓纸释文

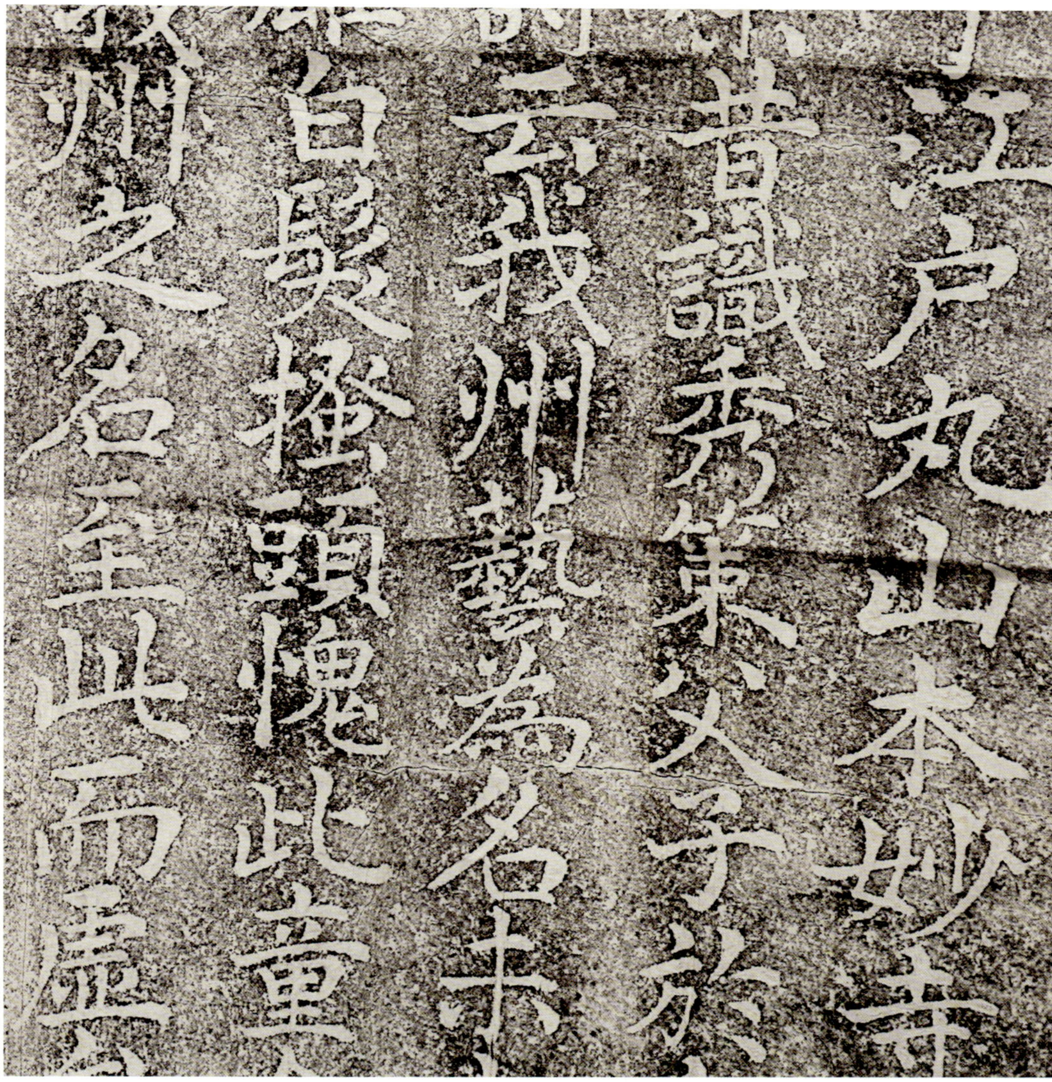

其中“文章亦是愽技雄，白发搔头愧此童”句，撰文者记忆有误，原诗为秀策归乡省亲一年半后，出府游历，其汉学恩师坂井虎山书赠秀策诗，前有小记“赠棋童荣斋之东都” 诗云：“ 嗟乎小技不必为，为之须有天下奇。兜汝妙悟自天得，十岁无敌国中棋，明朝求师向江府，其爷携来乞一语。君不闻文章亦是博弈雄，白首援毫愧此童。”

此本为整张原纸原拓，清晰无缺字，虽未敢言孤品，亦当存世稀少，殊为可贵。

才詩欲建碑於杜瀆請余記其
凡其所獲海內名儒之詩文翰
善棋妙天下又云文章亦足博
客而絕技如秀策者亦不得壽
而已哉
慶應三年丁卯夏四月
廣

16. 金玉均《鸿鹄鸣秋图》立轴

此为朝鲜近代著名的改革派活动家，围棋推广家金玉均画作。

近代朝鲜历史上一位不能不提的人物是金玉均，他既是朝鲜末年近代启蒙的开化派急先锋，又是朝鲜铁杆的亲日派；既是太极旗（今韩国国旗）的创制者，也是1884年因清军介入而失败的“甲申政变”的始作俑者；而他在1894年被朝鲜政府派出的刺客于上海刺杀，遗体运回国后以大逆不道之名示众，也是为日本发动甲午战争提供的舆论口实之一。

从“甲申政变”失败到上海遇刺，金玉均在日本渡过了十年流亡生涯。出身贵族的金玉均同样爱好围棋，曾先后与十六世及二十世本因坊秀元、十七世及十九世本因坊秀荣、十八世本因坊秀甫、二十一世本因坊秀哉等均有交集，且曾在流放地小笠原岛与秀荣手谈三个月之久，小笠原群岛也因金玉均的到来而弈风大盛，岛民以金玉均居住的1号馆舍为中心开展新年围棋活动。并举办东西部对抗赛，败者负责准备酒类和食品，全岛欢宴。

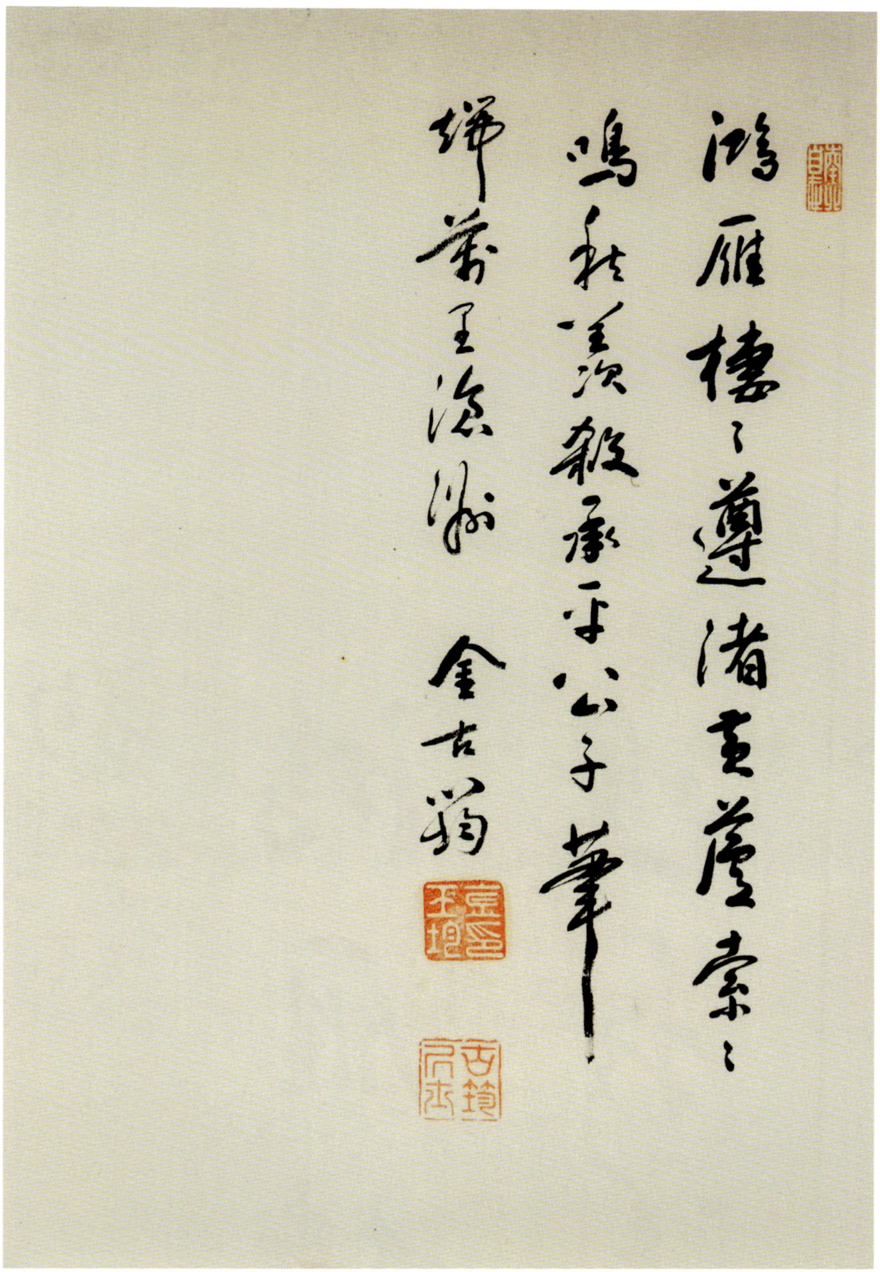

金玉均不但爱好围棋，而且具有一定棋力，与当时初段棋手有先二差距。曾与秀荣名人授六子对弈。

此品为旧作新裱。画中一对大雁栖栖黄索，仰颈鸣秋，似为金玉均流放小笠原岛时悲凉心情之写照。题诗出自元赵孟頫《题王子庆所藏大年墨雁》“鸿雁栖栖遵渚，黄芦索索鸣秋，羡杀承平公子，笔端万里沧州”，落“金古筠”穷款，钤阴文“金玉均印”阳文“古筠居士”印。

引首闲章“南北自如”语出宋人许景衡《和时可醇酎二首其二》：

劳生何扰扰，百年今半涂。是身等浮云，南北方自如。
青衫忆初仕，与公父子俱。邂逅话畴昔，恍恍一梦余。

金玉均被困穷岛，身若浮云，回首半生劳劳，恍如一梦，放浪形骸，啸傲风月，寄情纹枰，聊以度日，唯可安慰者，尚有围棋可伴。

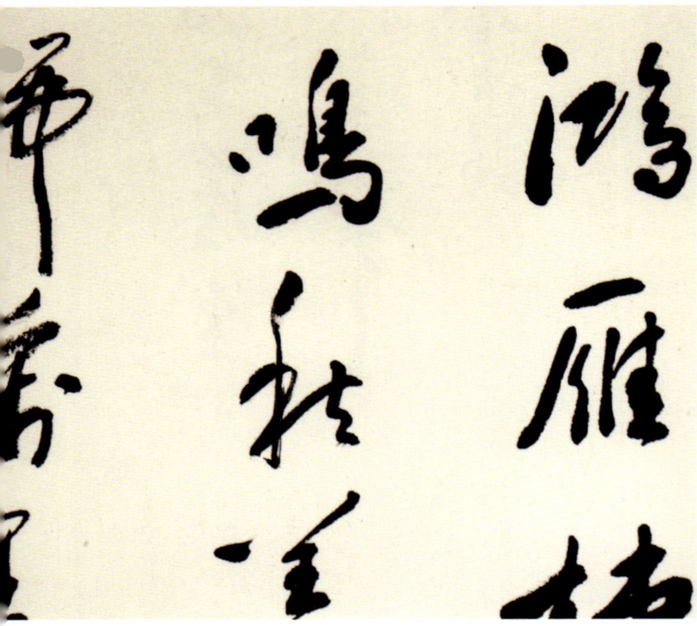

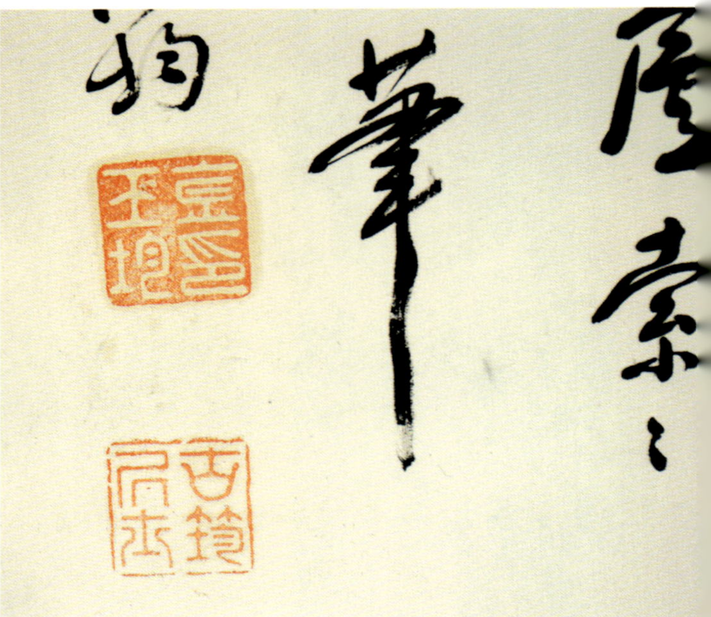

17. 头山满 书“运用之妙在一心”立轴

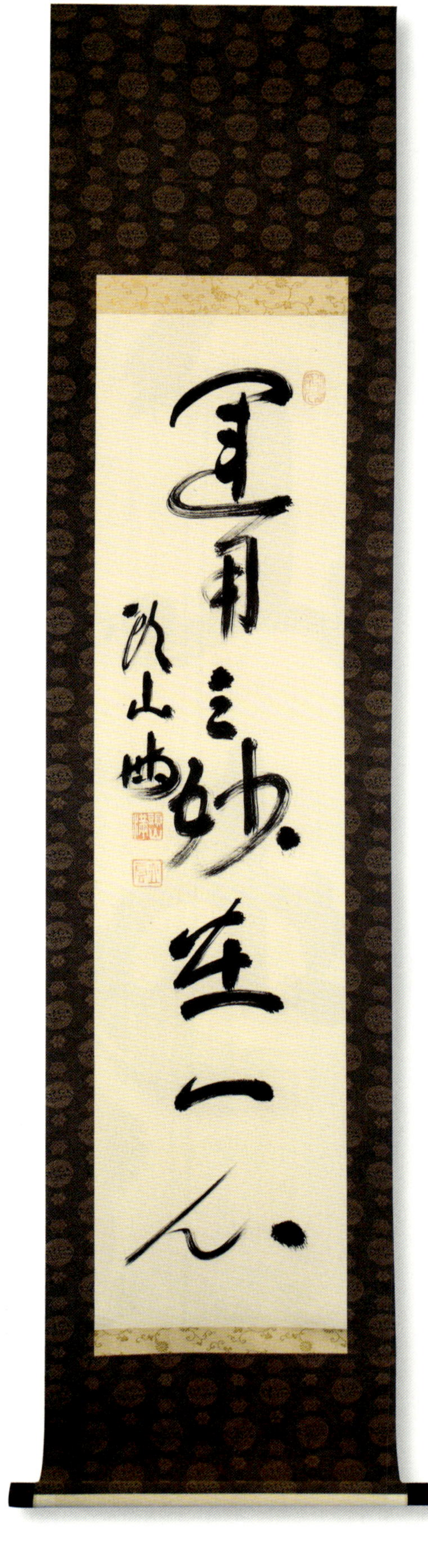

关于头山满，前文已有介绍，不赘述。

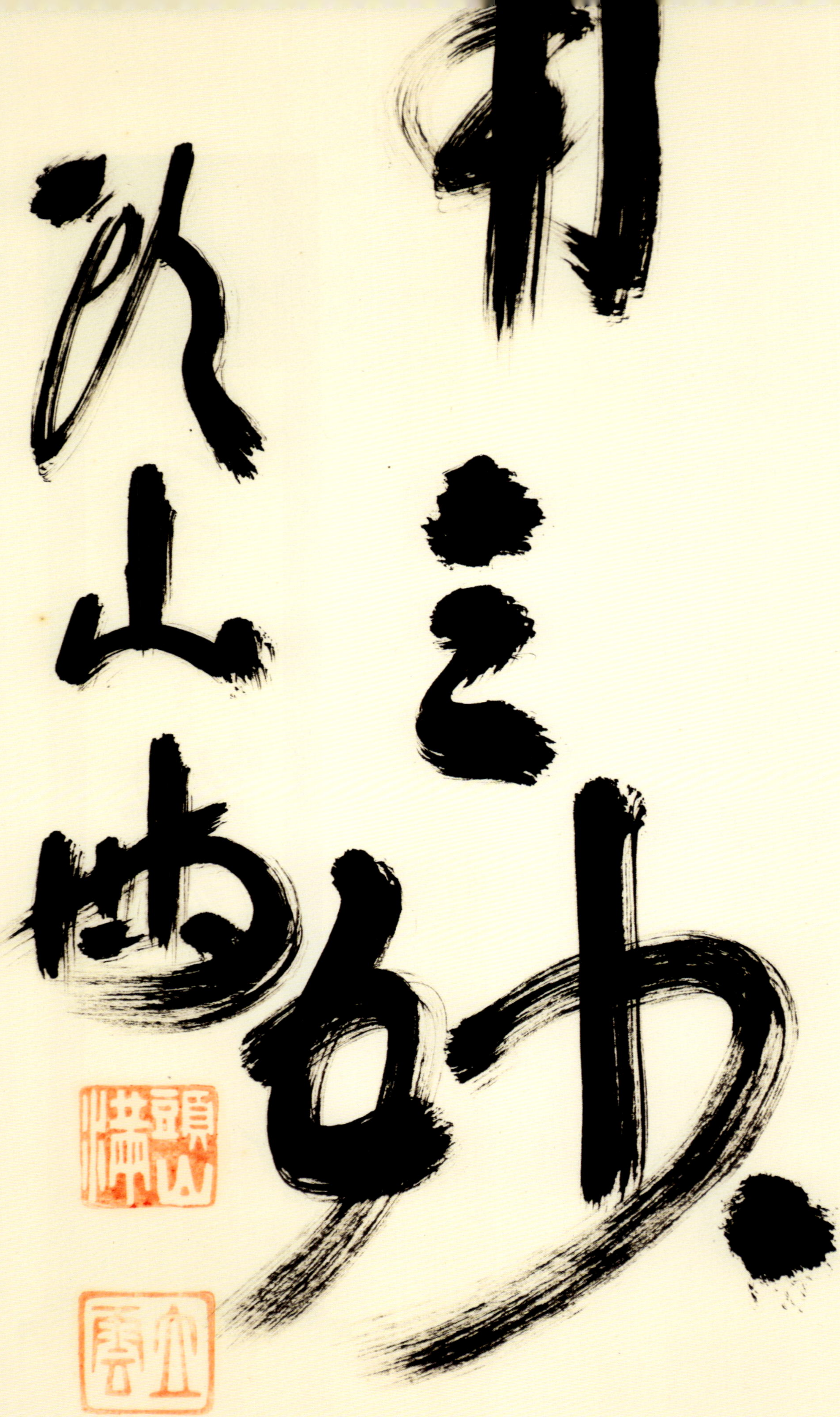
頭山滿
立雲

头山满不但热爱围棋，而且还是日本棋院名誉会员。

大正十四年（1925年）四月，日本棋院理事会一致通过，推戴犬养毅、头山满、古岛一雄、大绳久雄等四位对围棋有卓越贡献的人物为日本棋院名誉会员。

此幅作品书以人名，对其书法不做评价。钤阴文“头山满”阳文“立云”朱印，引首章“弘虚受人”。

所书“运用之妙在一心”前文有释。

18. 犬养毅书“简易高人致”横幅

犬养毅（1855-1932）字子远，号木堂，日本第29任首相。日本近代资产阶级政党立宪政友会第6任总裁。通称仙次郎。日本近代明治、大正、昭和三朝元老重臣、著名资产阶级政党政治家、日本列岛资产阶级护宪运动的主要领袖。中国民主革命先行者孙中山的革命密友，热心支持孙先生的民主革命活动。

于1932年5月15日被海军少壮军人为主的法西斯政变者闯入官邸枪杀身亡，其逝世亦终结了日本战前的政党内阁历史。

犬养毅对书法篆刻多有研究，有《木堂先生印谱》存世。

犬养毅酷爱围棋，并热心支持围棋活动，与濑越宪作等棋界大豪交往甚密，为促成吴清源旅日习艺成行曾起到至关重要的作用。

吴清源大师在开导曾经输掉应氏杯的依田纪基时曾经说过："你输就输在老有退路，应氏杯输了你还有三星杯，三星杯输了明年还能指望富士通、LG，有退路就不会拼命，优势的棋才会因退让输掉……我在日本多亏犬养毅对我爱护有加，著名的'问答无用'典出自他。算命的说我是一将功成万骨枯，不过我不同意，我认为出来下棋的，要生要死要由自己决定。"可见犬养毅对吴清源在日本的围棋生涯的巨大支持。

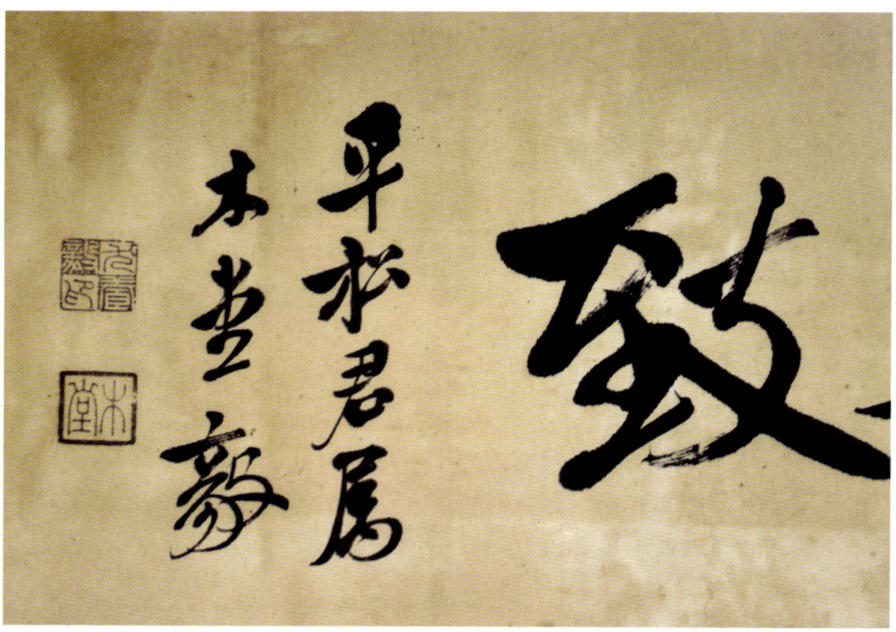

此幅作品所书“简易高人致”不知寓意，未敢妄评。有“平松君属 木棠毅”款，钤阴阳文“犬养毅印”，阳文“木堂”印，引首章“我忘吾”。犬养毅书法作品存世不多，具有一定的文化历史价值。

三、色纸

日本名人题字色纸有大量的印制品，而围棋名人题字色纸大多为日本棋院或读卖新闻社等围棋各种赛事举办单位为纪念某次活动印制，或出版社出版某人全集时制作随书附赠品。现在市场上的色纸多为此类印刷品。当然名人亲书的色纸也很多，亲书的色纸多为特定某人所书，若有题铭自然很容易分辨，但也有无题铭的，就要根据墨色、钤印色等多种因素仔细辨认鉴定了。现在很多人将印制色纸当作亲书的真迹售卖，藏家和爱好者切勿把印刷品当作真迹收藏。

1. 吴清源书“本立而道生”

吴清源真迹书法作品“本立而道生”，两行行草书，署吴清源名款，钤“清源”阳文朱印，右上“平息”阴文引首。笔力圆熟，率性灵动，是吴大师晚年作品。

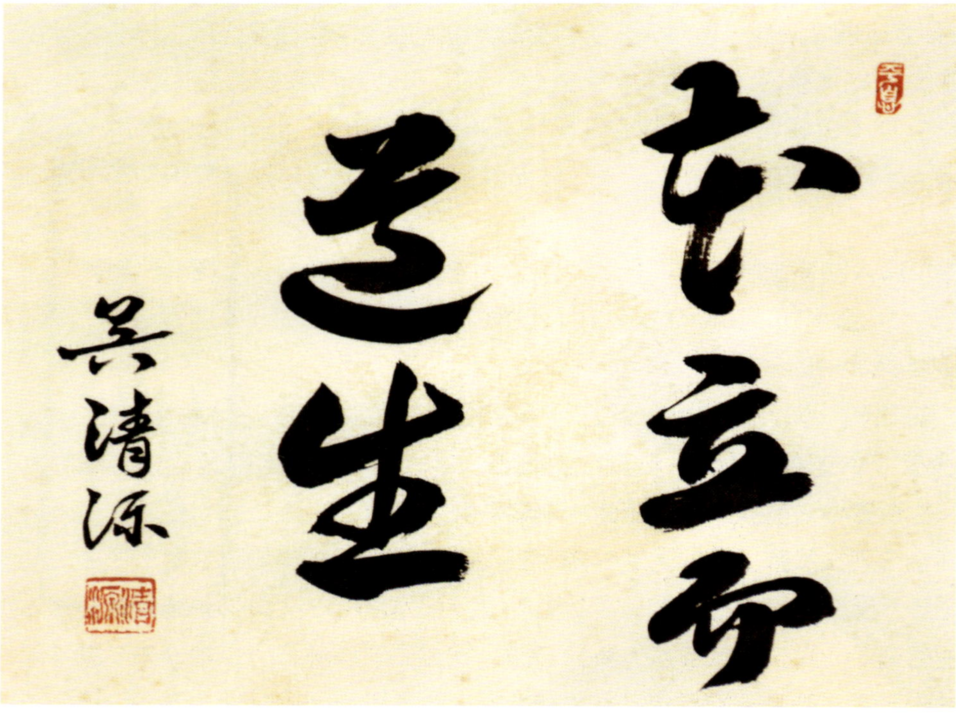

吴清源书“本立而道生”斗方

“本立而道生”语出《论语·学而》：“有子曰：‘其为人也孝悌，而好犯上者，鲜矣；不好犯上，而好作乱者，未之有也。君子务本，本立而道生。孝悌也者，其为仁之本与？”此句强调了“本”与“道”的关系。唐初名臣魏征在《谏太宗十思疏》中有“臣闻求木之长者，必固其根本”句，以树木之长而喻人，木固其本，方能求长，人固其本，方可生道，故君子务本。孔子至道为“仁”，悟道之本在“孝悌”，唯孝悌可以为仁。

围棋之道，博大精深，而要参悟围棋至道，亦必先务其本，围棋之道，便是“中”。吴清源围棋生涯所奉行始终的便是“中之精神”，“中之精神”也是吴大师自勉，并经常题写馈赠以勉世人的座右铭。中“便是不偏不倚”的中庸之道，而围棋之本，便是“和谐”，唯有保持和谐，平衡，才能达到“中”的精神境界，君子手谈，黑白论道，谋局，布阵，合战，收官，棋子的流动，自始至终就是阴阳和合，此消彼长的太极运行轨迹。围棋的最高境界不是杀伐、攻占，而是保持全局的均衡，这便是吴大师二十一世纪六合之棋的“中之精神”的围棋真谛。是故，有吴清源大师题“本立而道生”书法作品传世。

2. 吴清源书“介于石”

本品为吴清源大师真迹。

所书“介于石”典出《周易》：“（豫卦）六二，介于石，不终日，贞吉。《象》曰：‘不终日’。”宋代范仲淹《和谢希深学士见寄》：“心焉介于石，可裂不可夺。”介，就是坚固的意思，心志如石坚固，石可碎裂，不可夺其志。《正字通・人部》《康熙字典》均释义：“凡坚确不拔亦曰介。”意喻君子上不媚谄，下不亵渎，有节操之意。

以其坚确不拔，故介引申为节操。《孟子·尽心上》：“柳下惠不以三公易其介。”孙奭《孟子疏》称：“不以三公之荣位而移易已之大志也。”所谓“大志”，就是节操。柳下惠是中国古代至为推崇的“坐怀不乱”的鲁之君子，不仅具有“坐怀不乱”的高尚道德品质，更具有“不以三公易其介”的坚韧节操。清钱谦益《保砚斋记》也说：“以磨砻比德焉，以介石比贞焉。”

在《系词》中，孔子对此作过解释：

“知几其神乎！君子上交不谄，下交不渎，其知几乎！几者，动之微，吉之先见者也。君子见几而作，不俟终日。易曰：‘介于石，不终日，贞吉’。介如石焉，宁用终日，断可识矣。”“几”在此处作“机”字，时机也、天机也，君子见机而作，知机者，当是屹立而坚逾石者，以静制动，静而知机。介于石，则“沉穆中正”，“静动知机”，行不偏不倚的中正之道。“介于石”也正是吴大师“中之精神”的六合棋道。

此品墨色浓艳，苍劲有力，两行三字，流畅自然，当是吴大师壮年时作品。

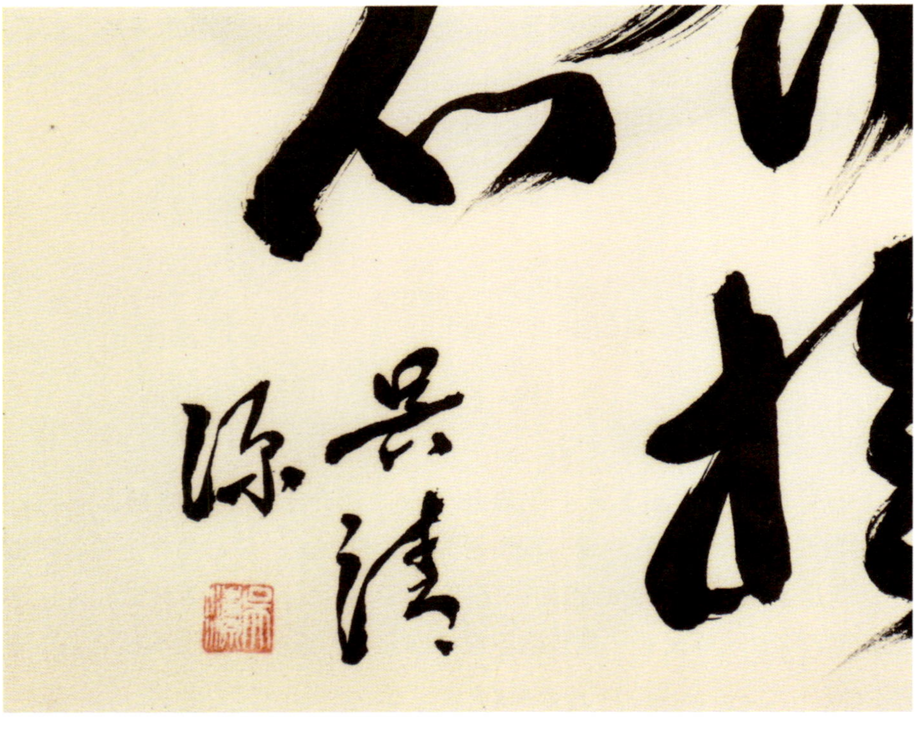

3. 吴清源书“亲仁善邻”

此幅作品也是吴大师壮年所书真迹。作品流畅自然，用笔娴熟，是大师诸多书法作品中的上佳之作。

“亲仁善邻”语出《左传·隐公六年》：“往岁，郑伯请成于陈，陈侯不许。五父谏曰：‘亲仁善邻，国之宝也。君其许郑！’”

“亲仁善邻”是五父对陈侯所陈国之邦交大策。

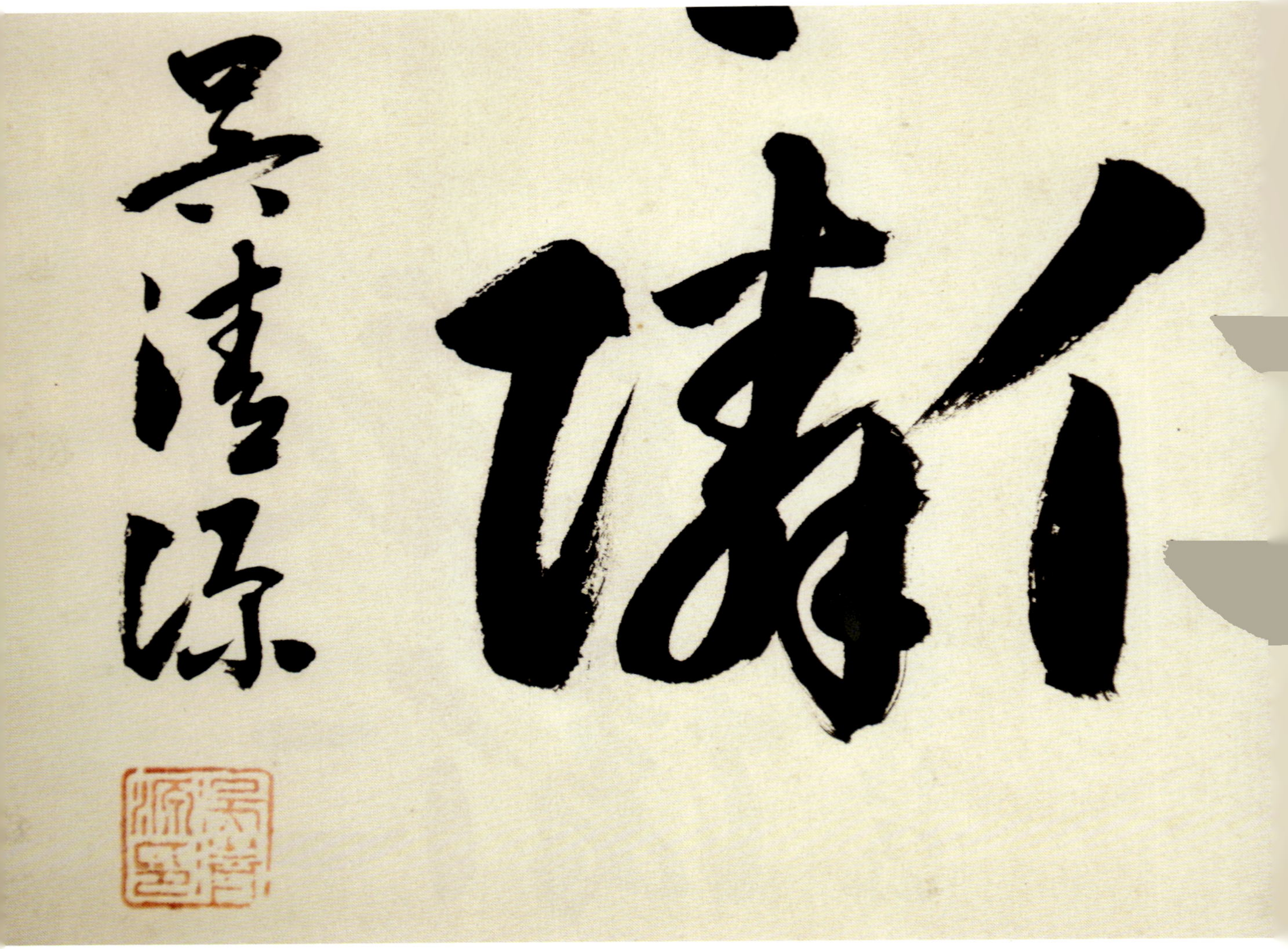
吴清源

推之于围棋，吴大师书此句，意在告诫世人，围棋只有走出国界，行“亲仁善邻”之策，才能获得更好的发展，当今世界围棋发展的历程也充分验证了吴大师的见地是何等正确，上世纪80年代围棋开始了世界范围的交流活动以后，围棋才真正意义上在世界范围内开始了良性竞争和蓬勃发展。

吴大师同期作品还有“祥和气清明”等，都表达了吴大师对围棋发展的美好愿景的向往之情。

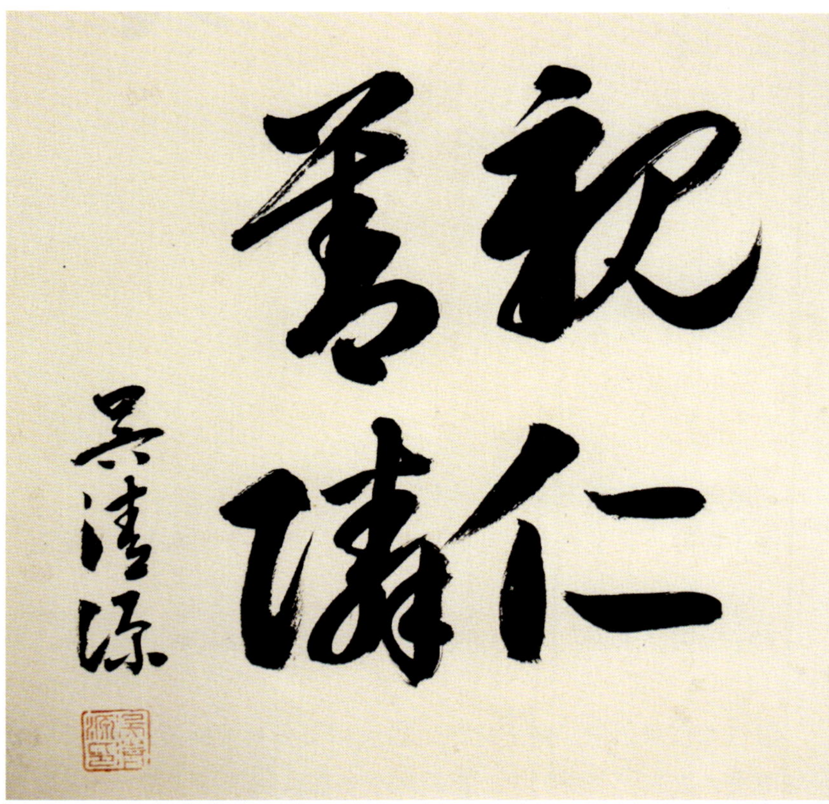

4. 吴清源书“紫气东来”

“紫气东来”典出汉刘向《列仙传》：

老子西游，关令尹喜望见有紫气浮关，而老子果乘青牛而过也。

老子出关，东来西向，后遂以“紫气东来”喻祥瑞之兆。

紫气为官禄之气，帝王之气，古代官员多有“授紫金鱼袋”表示官阶显赫尊贵，故古代书香门第，富贵之家多在大门悬挂“紫气东来”牌匾。

近现代，“紫气东来”也早已飞入寻常百姓家，每逢年节，新桃换旧符时，很多人家大门所贴对联虽内容各异，但横批“紫气东来”却多有雷同。

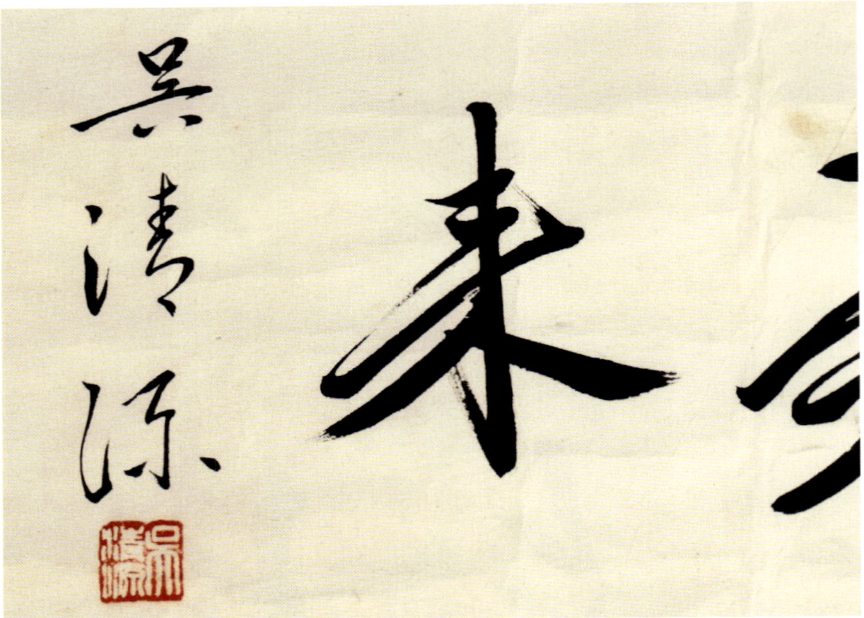

吴大师毕竟食人间烟火，“紫气东来”既然已成为家喻户晓的吉祥用语。吴大师自也未能脱俗，故书此以期祥瑞降庭。

本幅作品虽非色纸，但方笺规格与色纸无异，四字行草龙飞凤舞，潇洒畅如，是吴大师书作中的精品。有“吴清源”名款，钤“吴清源”阴文朱印，引首章“平息”。

5. 吴清源书“祥和气清明”

吴清源大师还曾书“祥和气清明”色纸，寓意与前品亦大同小异。

6. 吴清源书“一道同风”

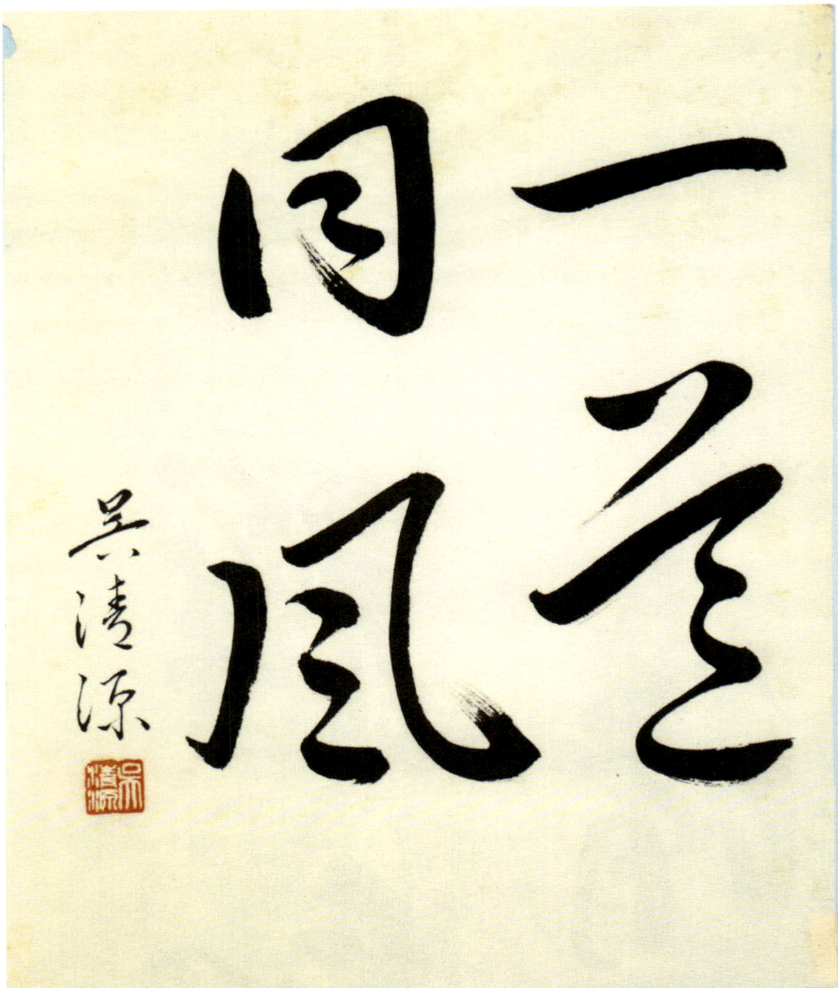

“一道同风”同样是吴大师对围棋发展的美好愿景。吴大师曾在多个场合书写此句，“一道同风”也曾被日本棋院制成印刷色纸，其制作之精美，几可乱真，收藏市场经常可以见到此类作品，以至于有的商家鱼目混珠，当作真迹卖给藏家，殊不知吴大师所书“一道同风”真迹极其罕见，充斥市场的都是日本棋院制作的纪念品。

本品为吴大师书于宣纸的真迹，细察可见笔锋墨迹自然洇染，阴文朱印色泽鲜艳自然，略有油晕浸纸。

“一道同风”一词未见出处，其意为：遵从同一的政治文化。

最早见之于清代铸造钱币的宝泉局所铸造的一套十枚系列宫钱，“一道同风背宝泉”花钱，此钱制作颇精，传世极少。（附：十枚钱文如下：一道同风，二南雅化，三星拱照，四海升平，五谷丰登，六府孔修，七政齐衡，八音克谐，九功唯叙，万国来朝）

后北京大学第一任校长蔡元培在《北京大学月刊》第1卷第1号发刊词中曾经引用：

> 三曰释校外学者之怀疑大学者，“囊括大典，网罗众家”之学府也。今有《月刊》以宣布各方面之意见，则校外读者，当亦能知吾校兼容并收之主义，而不至以一道同风之旧见相绳矣。

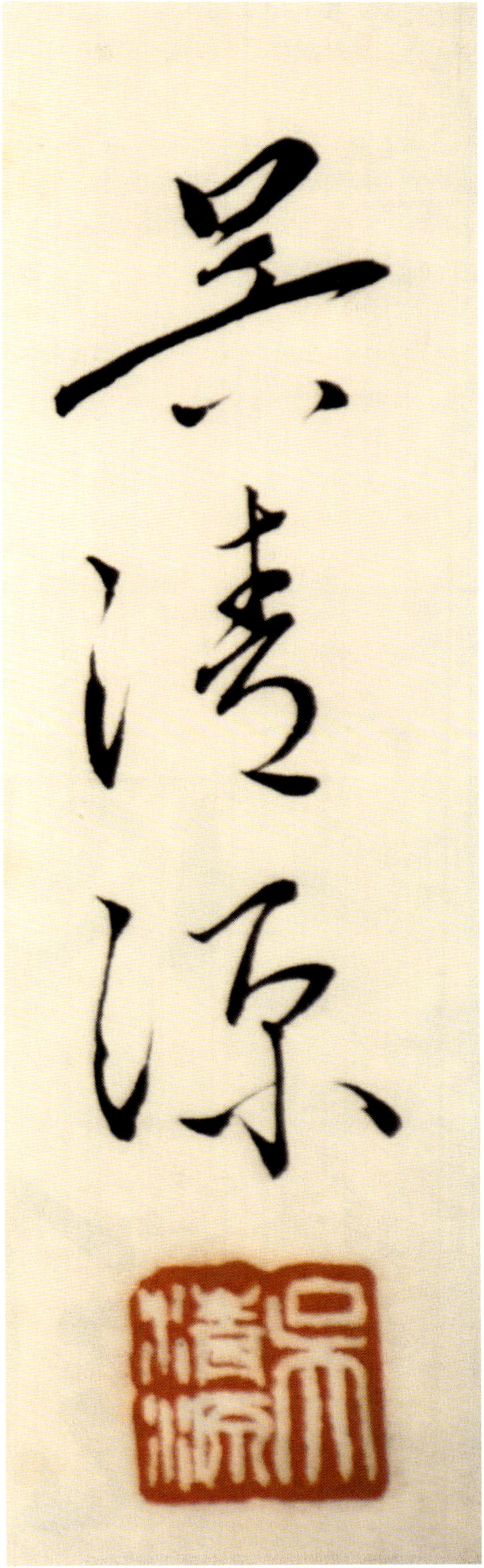

当然，蔡元培在发刊词中重点阐发了对大学的看法和他的办学原则，亦即其对办学理念理解的精义——“循思想自由原则，取兼容并包之义”，因此对学术之“一道同风”颇有微词。

吴大师之所以对“一道同风”如此看重，我想是吴大师对围棋发展愿景的一种渴望，吴大师远在异国，但“青山一道同云雨，明月何曾是两乡！”“一道同风”不仅是对围棋愿景的渴望，也是吴大师常常萦绕心头的一种思乡之情吧。

《礼记·中庸》曰：“万物并育而不相害，道并行而不相悖。”围棋发展，理应如此。

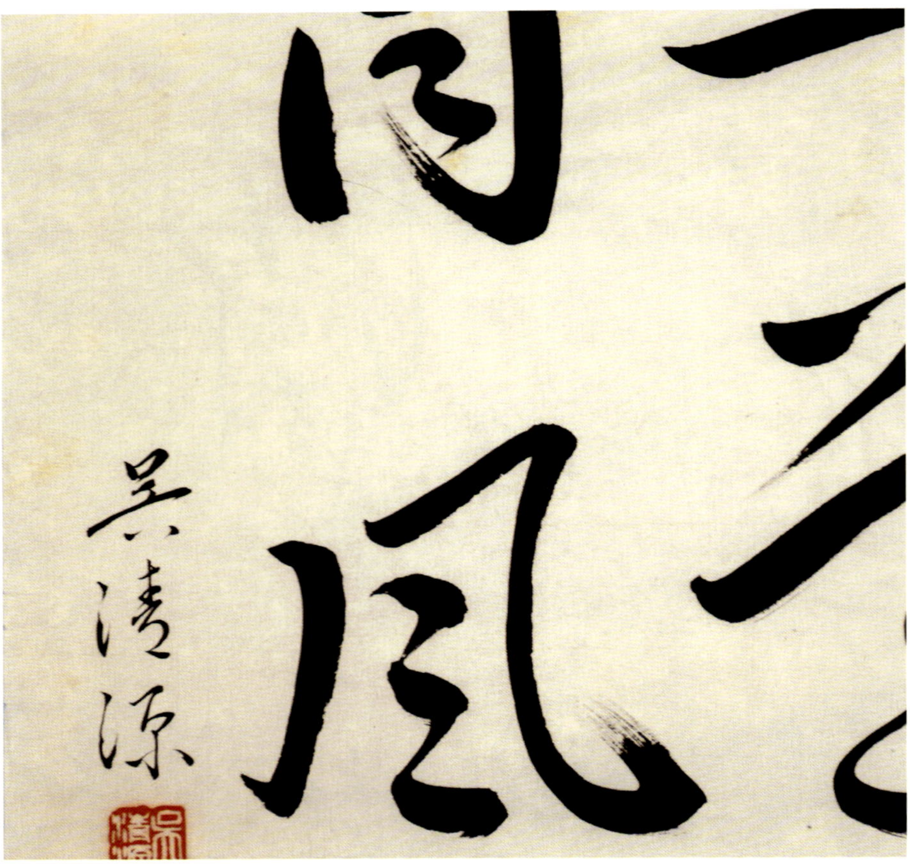

7. 木谷实书“仁风”

木谷实先生对“仁风”一词情有独钟，其所创办的棋艺研究会便取名“仁风研究会”。其书法作品无论是色纸还是扇面，也多题“仁风”，甚至在签名盘上也题“仁风”。

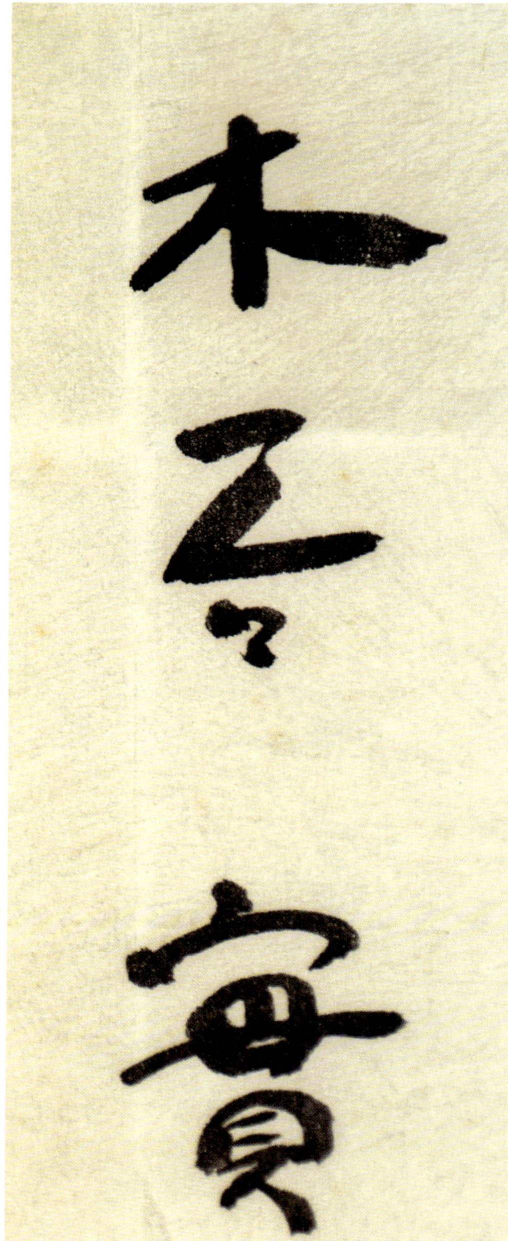

“仁风”一词最早见于汉魏阮籍四言诗《咏怀诗十三首》其八

日月隆光，克鉴天聪。
三后临朝，二八登庸。
升我俊髦，黜彼顽凶。
太上立德，其次立功。
仁风广被，玄化潜通。
幸遭盛明，睹此时雍。
栖迟衡门，唯志所从。
出处殊涂，俯仰异容。
瞻叹古烈，思迈高踪。
嘉此箕山，忽彼虞龙。

仁风便是恩泽如风之流布的意思。歌“仁风”以颂德政。

后《世说新语·言语》“江山辽落，居然有万里之势”刘孝标注引《续晋阳秋》：“太傅谢安赏宏机捷辩速，自吏部郎出为东阳郡，乃祖之于冶亭，时贤皆集。安欲卒迫试之，执手将别，顾左右，取一扇而赠之。宏应声答曰：‘辄当奉扬仁风，慰彼黎庶。’合坐叹其要捷。”后因以“仁风”为扇子的代称。宋胡继宗《书言故事·器物》就说：“扇曰仁风。”

未知木谷大师取“仁风”何意，不过弈者局中多喜摇扇，木谷大师书“仁风”以喻扇，似也可通。

此为木谷大师亲书，行笔涩滞厚重，恰如木谷棋风。未钤印。

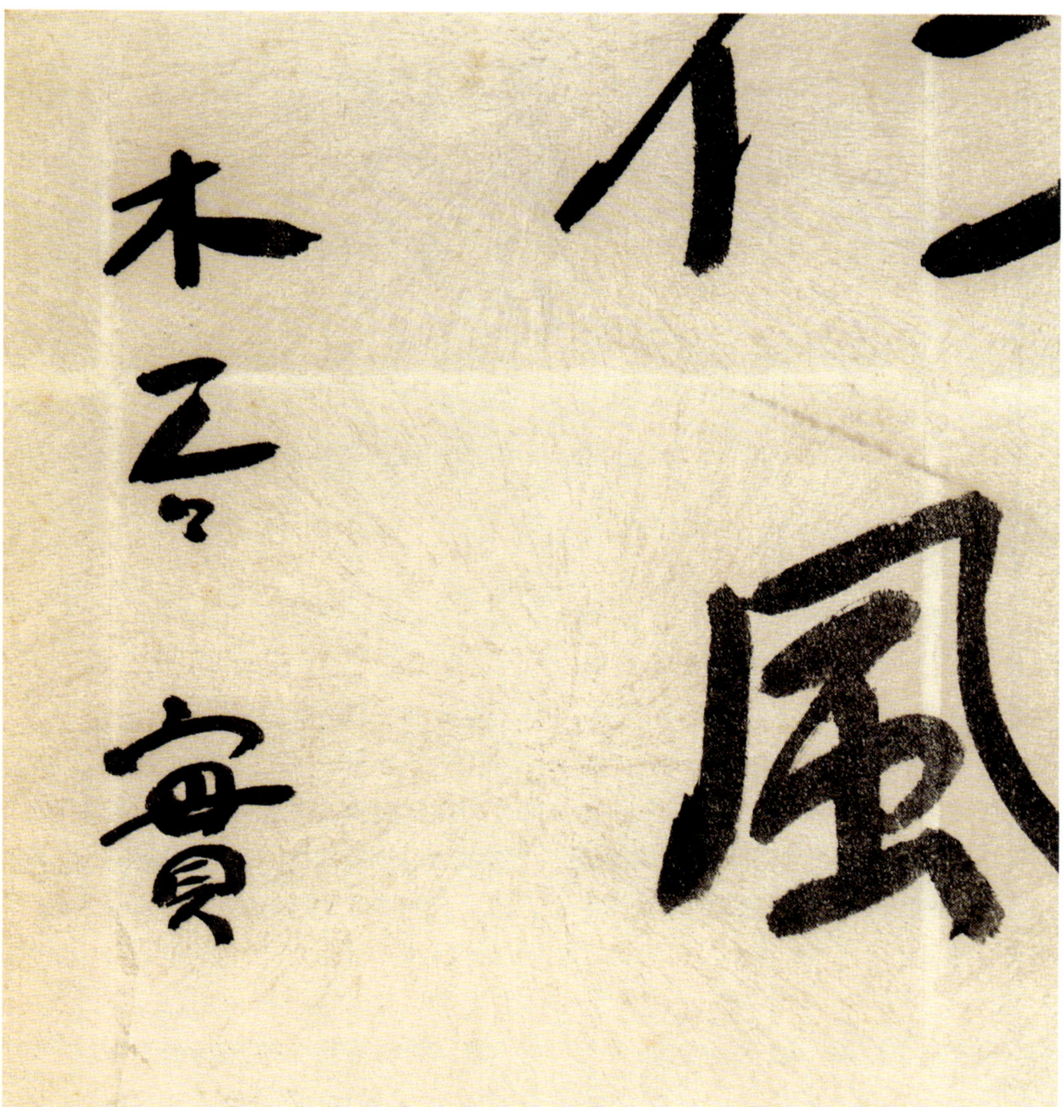

8. 高川格书“清韵”

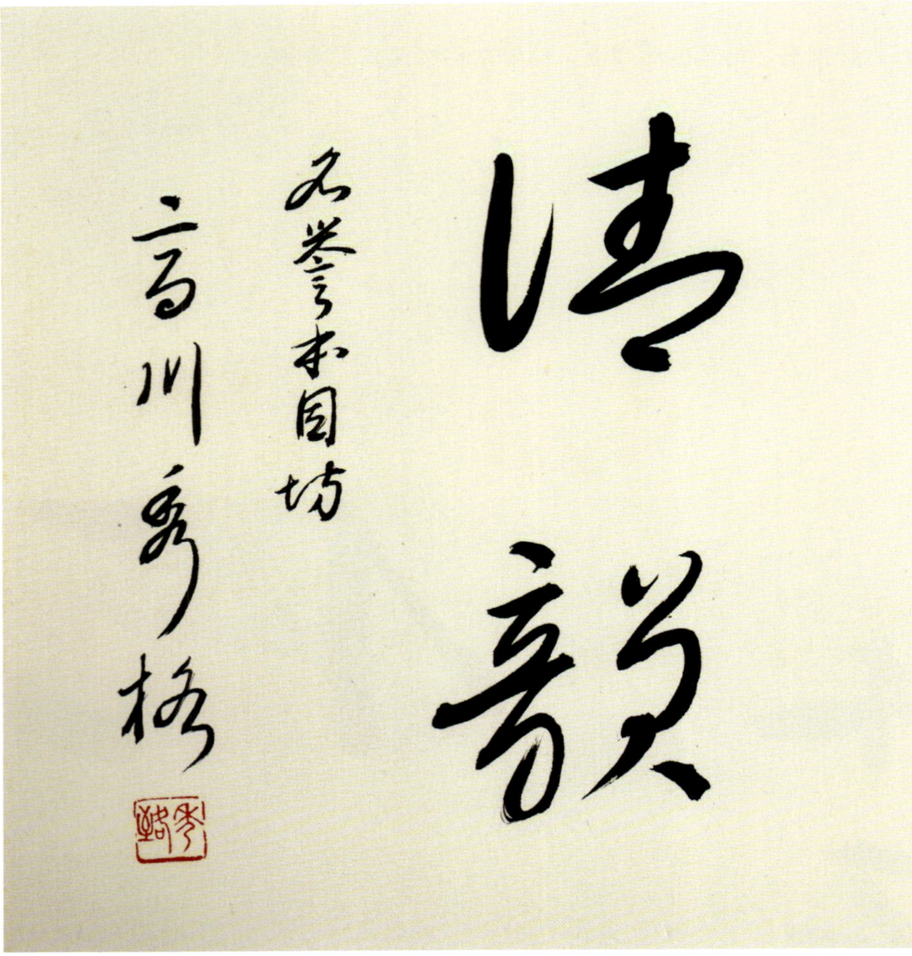

“清韵”一词出于魏曹植《白鹤赋》末句：“聆雅琴之清韵，记六翮之末流。”“清韵”乃雅琴之清音余韵。

唐代白居易《官舍小亭闲望》诗有“风竹散清韵，烟槐凝绿姿”句，“清韵”乃凤竹之清音余韵。

宋代贺铸《南歌子》词：“傍水添清韵，横墙露粉颜。夜来和月起凭阑。认得暗香微度、有无间”句，“清韵”乃梅之清香雅韵。

清代姚鼐《送郑羲民郎中守永州》诗：“雨窗黯青灯，听君绝妙辞。清韵倏邈远，南行指湘漓。”“清韵”是为绝妙文辞。

总之，“清韵”是文人雅士心怀的一种向往，追求的一种境界。高川先生谦谦君子，有儒者之风，“清音雅韵”以喻先生之高致，当不为过。

此幅作品为高川先生晚年力作，行草飘逸潇洒，笔力娴熟，颇合法度。整体布局清新淡雅，又具章法。有“名誉本因坊，高川秀格”款，钤“秀格”阳文朱印。

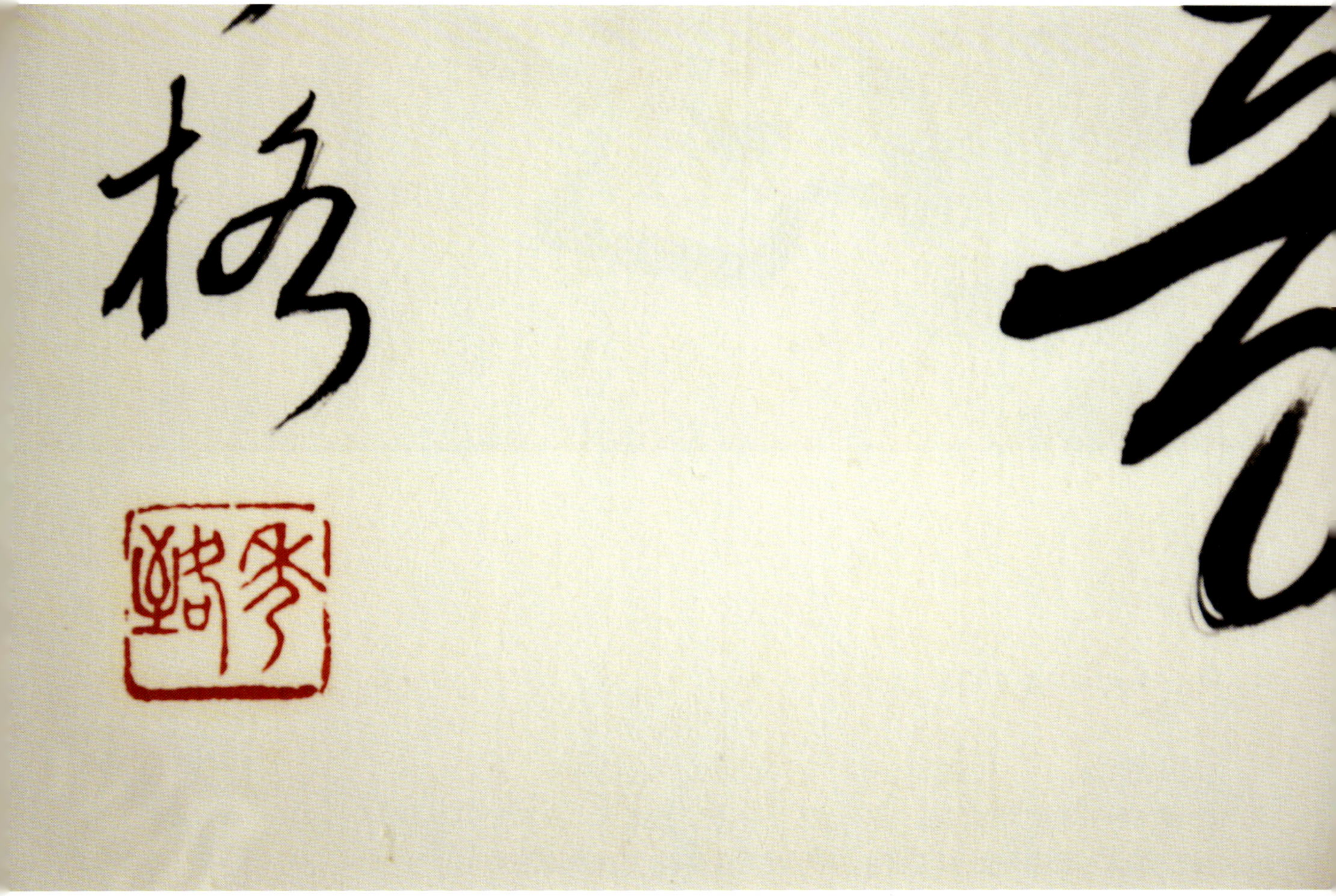

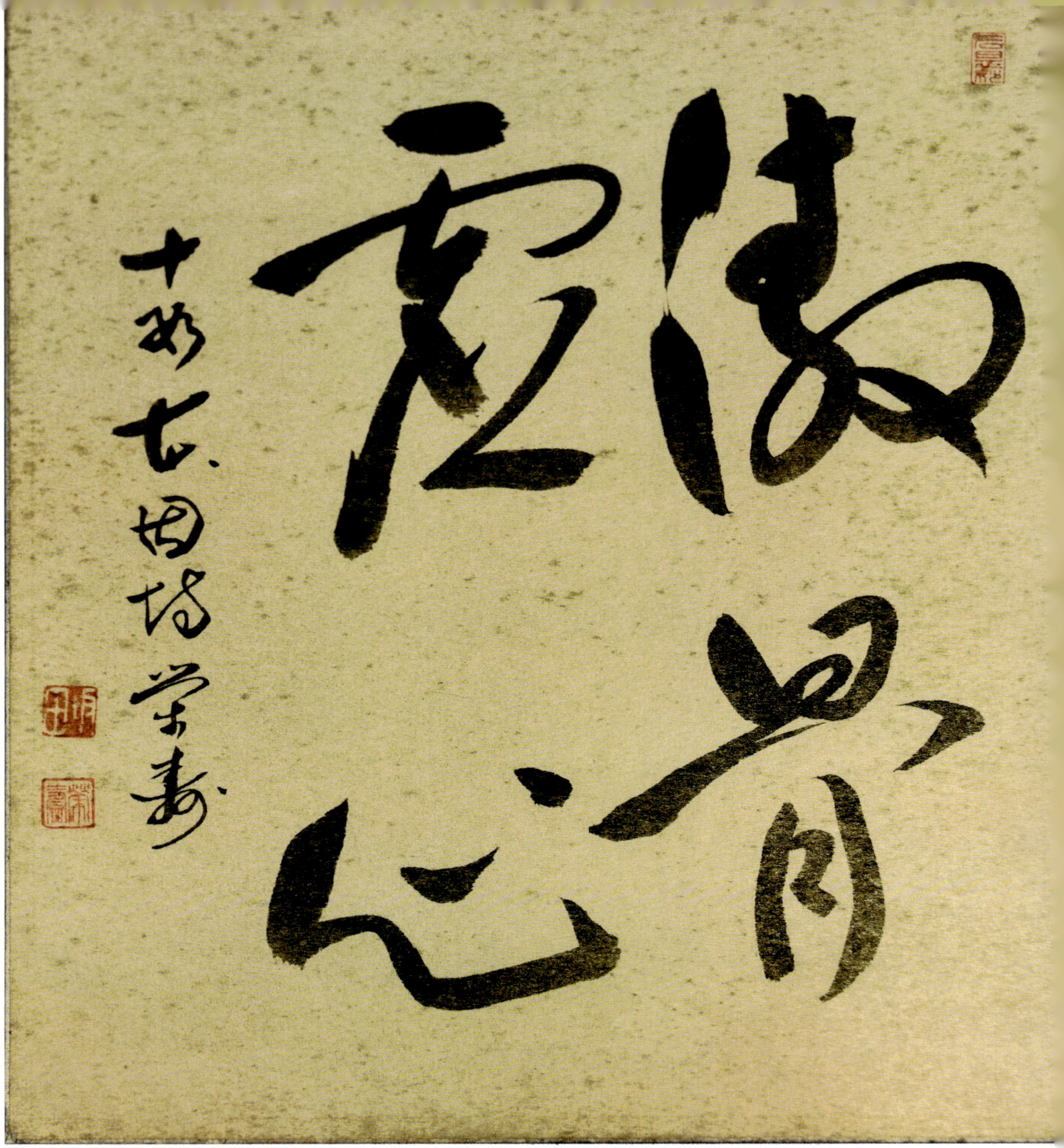

9. 金版本因坊荣寿书“傲骨虚心”

本因坊荣寿，为一代宗师坂田荣男获得本因坊之位的改号。坂田先生题书色纸常使用的便是“傲骨虚心”一词，这是因为日本首相鸠山一郎曾为坂田先生亲笔题写“傲骨虚心”四字，赞誉坂田先生的谦虚品德和在棋道之路上永不服输的铮铮傲骨。

本品为坂田大师亲书金版色纸，“傲骨虚心”色纸有多种版本印刷品，亲书极为罕见，值得收藏。

所书“傲骨虚心”四字龙飞凤舞，苍劲有力，落款“十段本因坊荣寿”，钤阴文“坂田”、阳文“荣寿”朱印引首章“一石是妙”。

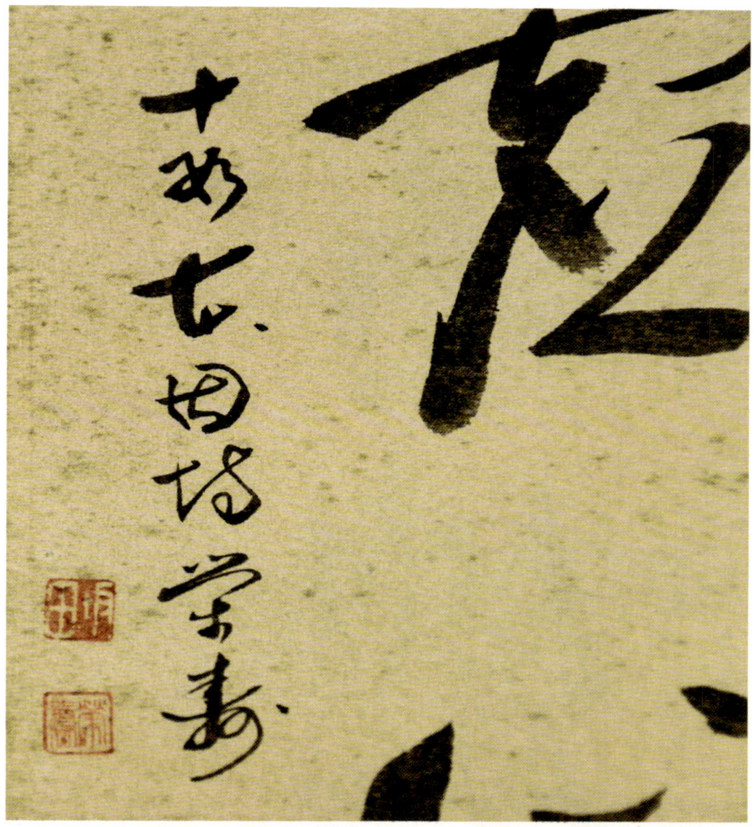

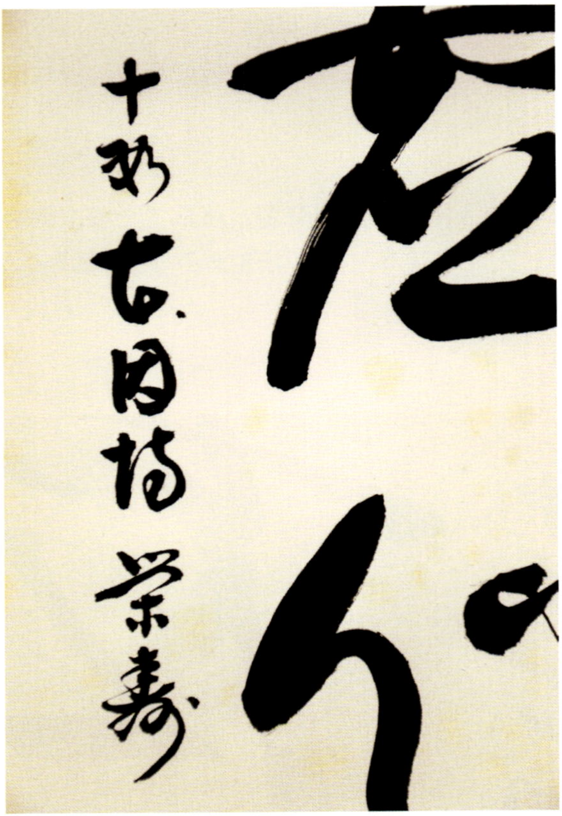

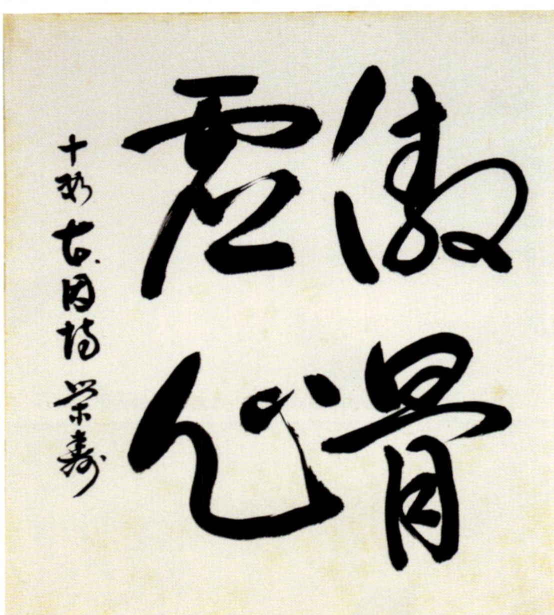

另有此前一年（1967年）坂田先生亲书“傲骨虚心”色纸，惜未钤印。

10. 银版本因坊荣寿书“傲骨虚心”

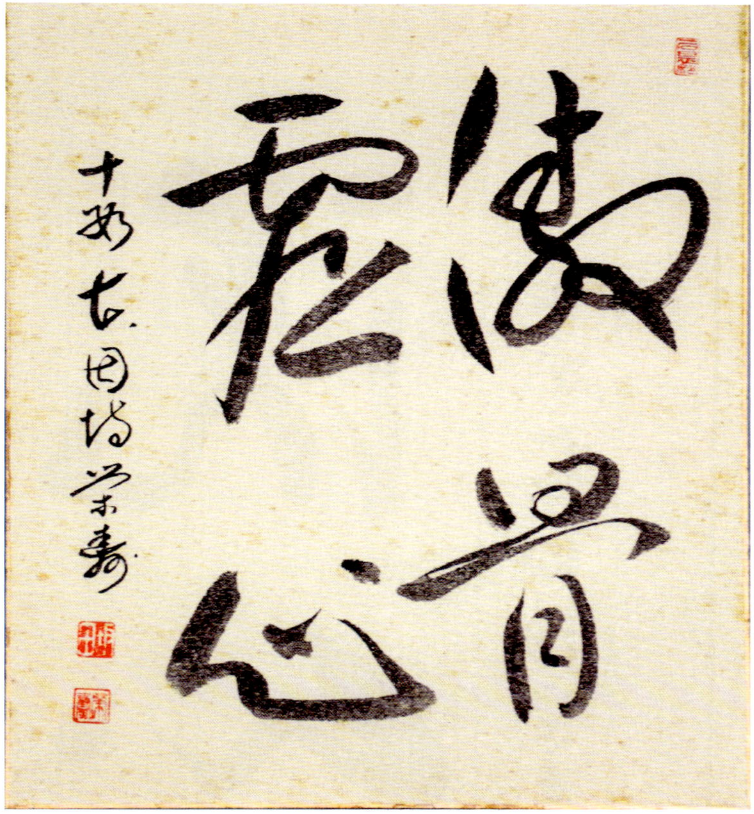

本品为坂田亲书银版“傲骨虚心”色纸，所书与前金版“傲骨虚心”几乎完全相同，仅个别笔画仔细辨认稍有区别，落款、钤印，引首章也完全相同，也同为坂田1968年作品。

11. 本因坊荣寿书“洗心”

此品是坂田先生于昭和四十二年五月二十三、二十四日本因坊战期间所书。

“洗心”也是坂田先生经常题写的一词。

“洗心”语出《易·系辞上》：

“圣人以此齐戒，以神明其德夫。”韩康伯注：“洗心曰齐，防患曰戒。”

“洗心”，洁净心灵，令其无垢，亦非圣人之专利。君子洗心，无时无地。唐代周如锡有《题古寺》诗：

梵林岑寂妙圆通，灵籁无声起远钟。
青鸟梦回天际白，赤乌翅展海头红。
晨光灿灿流残月，曙色苍苍散晓风。
自古洗心须净地，何须假榻坐禅空。

黑白轩主曾有《丙申初夏弈棋》诗云：

夜雨敲枰奏大音，
忙中作罢有浮沉，
机发妙在无为境，
此道无关胜负心。

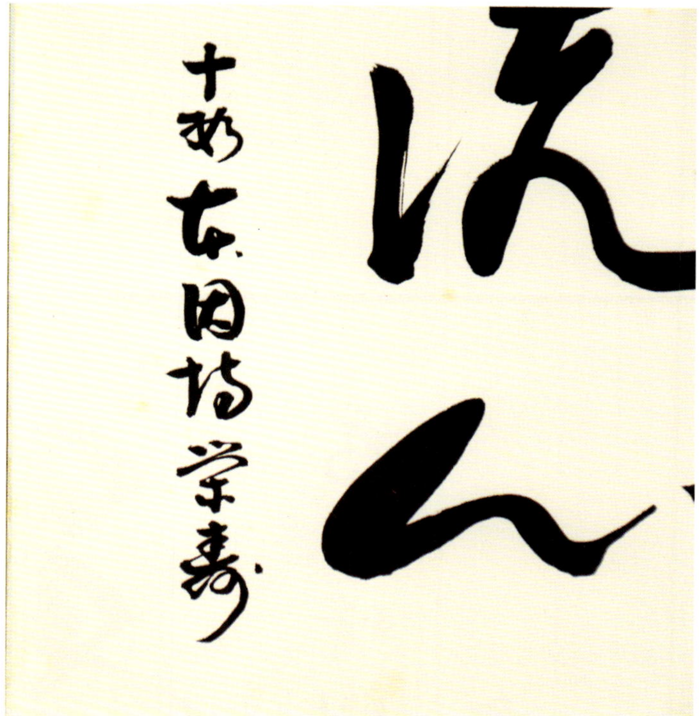

作为弈者，最忌对局时心存杂念，拘泥于胜负，遂令心神俱散，好局亦必痛失，故“洗心”是弈者必修之课。本品署“十段本因坊荣寿”名，未钤印。

12. 本因坊荣寿书“幽玄”

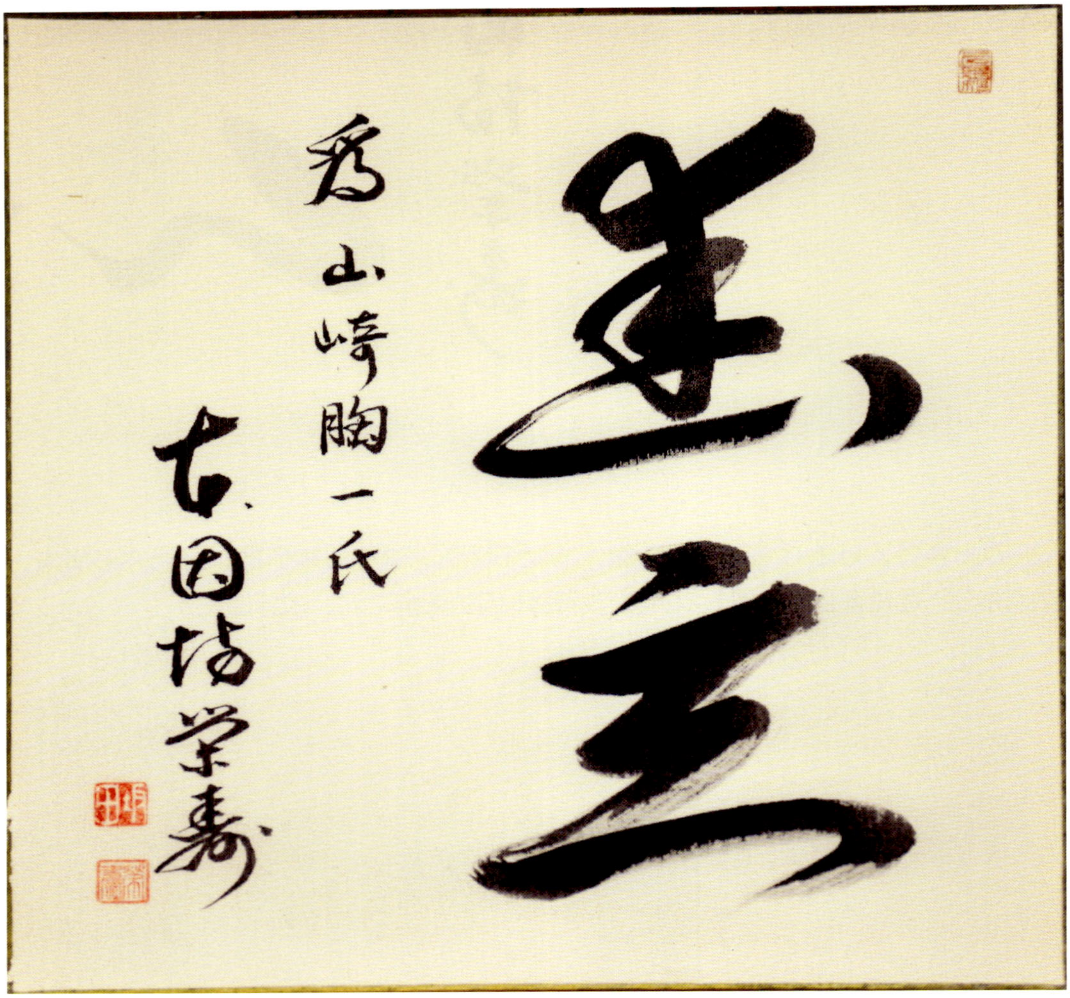

“幽玄”一词，出自《周书·武帝纪上》，其中有“至道弘深，混成无际，体色空有，理极幽玄”的句子 。

“幽玄”意指幽深玄妙，广涵，既深而远，且极玄妙的至道至理。

在日本美学文化中，“幽玄”之美在于不可言传的意蕴。

所谓“境生象外”，意在言外，乃是一种“神似”的精约之美，能够引发欣赏对象的联想和无限遐思，并从中传达出近似悟道的丰富的思想感情内容。坂田先生为山崎胸一氏书“幽玄”，所要表达的应该是弈道的幽玄之美。名款“为山崎胸一氏　本因坊荣寿”，钤阴文“坂田”，阳文“荣寿”印，引首章“一石是妙”。

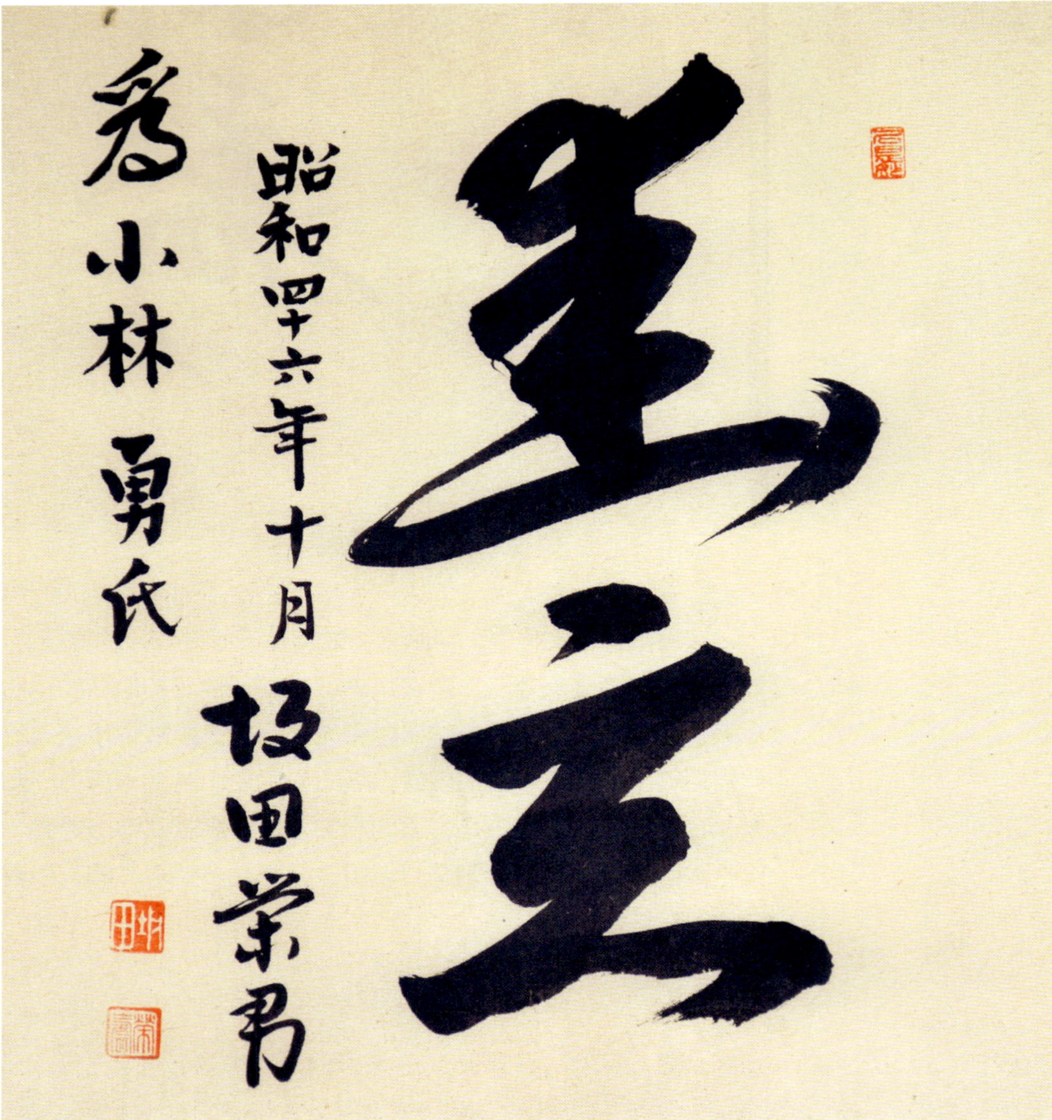

笔者还收藏了一幅坂田先生为小林勇题写“幽玄”作品，同“傲骨虚心”一样，坂田先生对“幽玄”一词亦是情有独钟，“幽玄”当是坂田先生不敢或忘的棋道追求的至高境界。

13. 银版本因坊荣寿书“养志”

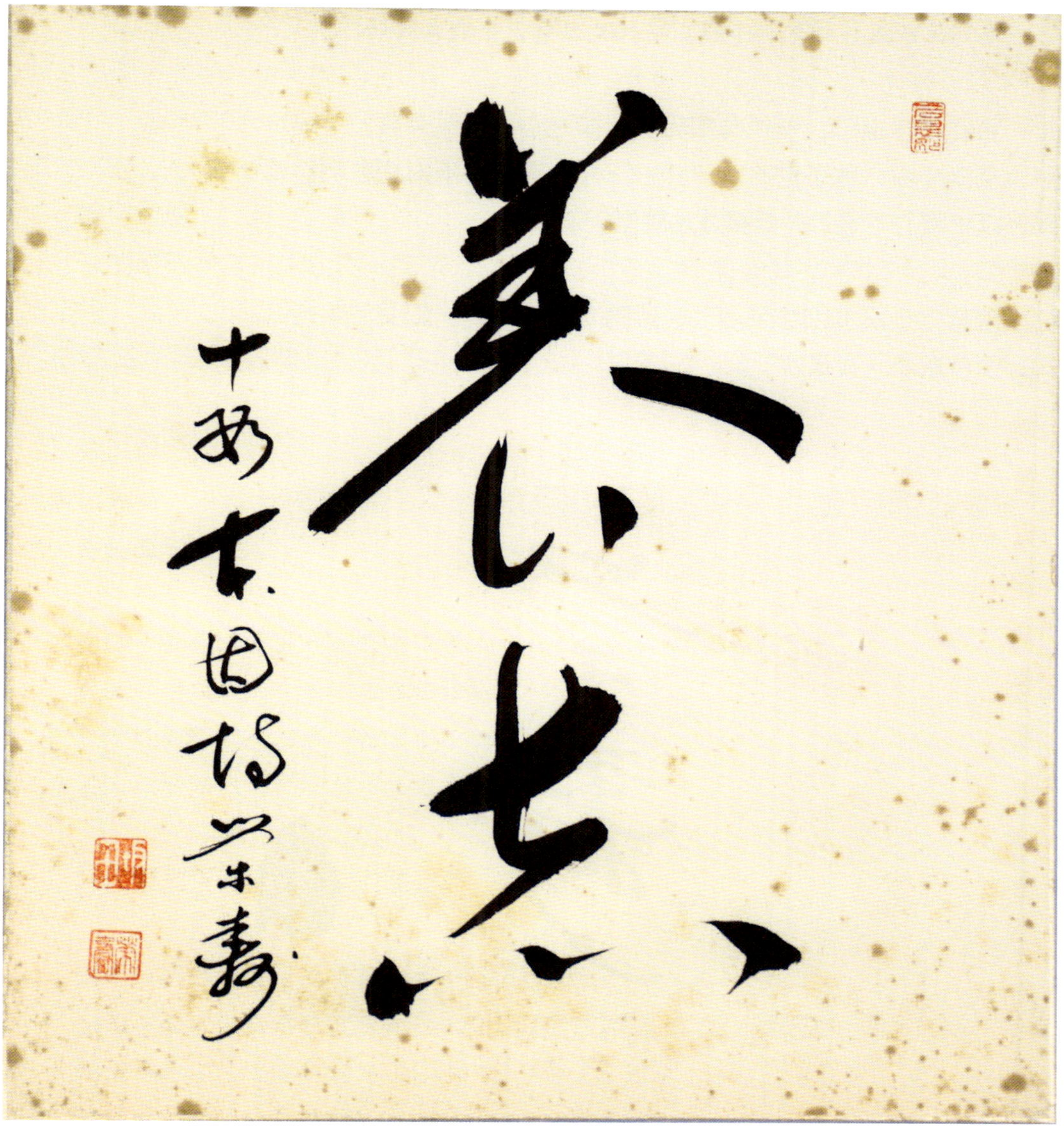

“养志”一词出自《庄子·让王》：“故养志者忘形，养形者忘利。”后多以“养志”为隐者不慕荣利之志。如《后汉书·逸民传逢萌》：“及光武即位，乃之琅邪劳山，养志修道，人皆化其德。”

著名的竹林七贤之一，大名士阮籍《咏怀其七十》对“养志”做了很好的诠释：

天网弥四野，六翮掩不舒。随波纷纶客，泛泛若浮凫。
生命无期度，朝夕有不虞。列仙停修龄，养志在冲虚。
飘飖云日间，邈与世路殊。荣名非己宝，声色焉足娱。
采药无旋返，神仙志不符。逼此良可惑，令我久踌躇。

若要“养志”，先须抛却功名利禄之心，不保荣名，不娱声色，恬淡冲虚，殊于世路。“养志”亦合弈道，不为功名利禄羁绊，以平常心下好每一盘棋才是围棋正道。

落款“十段本因坊荣寿”，钤阴文“坂田”，阳文“荣寿”印，引首章“一石是妙”。

14. 杉内雅男书“神授之一手”

杉内雅男之前已经介绍过了，杉内先生之所以题“神授之一手”，应该有以下几个原因：

杉内雅男在棋界有雅号“棋之神样”之称，直译就是棋神的意思，一代大师坂田荣男先生对同庚好对手杉内被称作棋神一事曾有描述：“称呼棋神有三分揶揄的意思，但更多的是他对于棋艺研究探索精神和求道理念的一种致敬。”

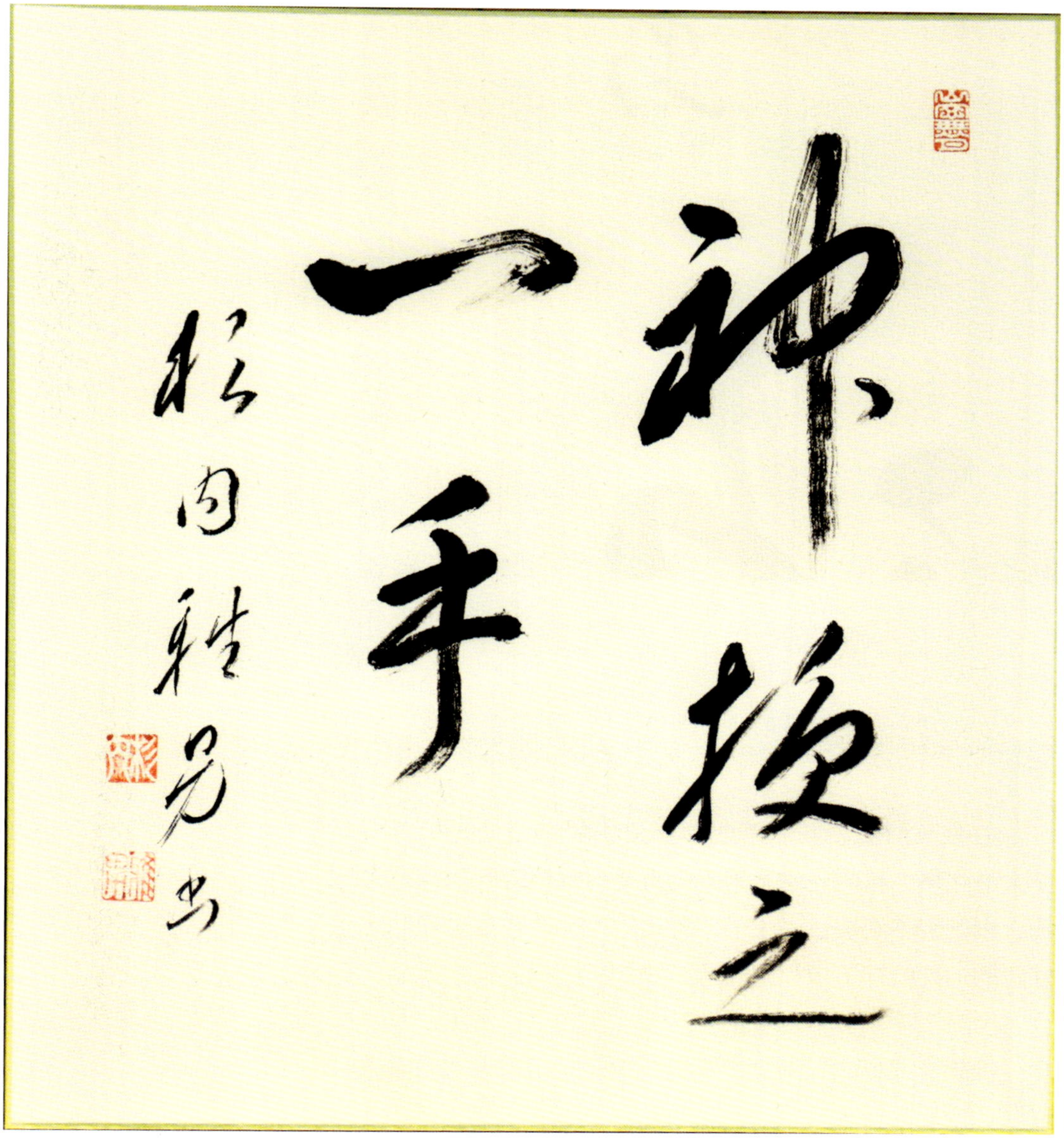

古有王积薪、刘仲甫遇仙、丈和梦中遇仙，得以棋艺大进之事，杉内先生多年来一直是日本棋院院生师范人物，棋艺自不必说，先生书“神授之一手”也是对通仙之妙着的一种精神追求和向往吧。

钤阴文“杉内”阳文“雅男”朱印，引首章“山空无日”。

15. 藤泽秀行书“知悟”斗方

藤泽秀行先生不仅热爱围棋，也十分热爱书法，对于书法，在先生的自传曾经写道：

我很喜欢写“眠雪卧石”这句话，“在雪上入眠，在石上下榻”。我听说这是从中国的太公望吕尚的诗中取下的一句话。其大意是，人生到什么时候都不要失去心中的热情和希望。

对书法，我认为自己十分拙劣和不成熟，因此，必须努力到生命的尽头。由兴趣开始的书法，虽被大家极为称赞，我想也还没有迈出幼儿园的大门吧！有位高僧曾夸奖我的书法是“国宝”，这实在是有点过奖了。惭愧之中，看来我的书法真还没有低劣到不行的地步。

书法，可以表现出人生。在我的书法里，我感到有种“气”的东西。我决不认为我的字高明，但我写的字就是我的人生，从行笔之中，能看出从地狱里生返的男人的人生哲学。

就在我的寝室里，周围全挂着我自己写的字，只要一看见，就涌起笑看人生的气概。八方碰壁的人生能健康地生存。前几年，从三重县来的一个年轻人买了我的两幅字。他非常感慨地说道：“一看见先生的字，就产生了一种不可思议的力量。我的人生也不比先生好，在那阿猫阿狗叫唤的世界里，先生的字把我救了出来。”这也是一种对我的赞赏吧。

我可不是想自吹自己的字而说出这件事。只是想说，就算现在的生活很艰难，如果能有过人的“气魄”，人生便可得到充实，我自己就是这样送走过去的人生的。依赖别人，自己的范围就小了，这比什么都可怕。

正如秀行先生自己所说，单从书法的艺术之美的角度去评价先生的字，当然不能算是大家，但先生的书法价值却也不仅仅在于书以人名，从先生的书法作品中确实有一种硬朗的不屈不挠的“气魄”表现出秀行先生的人生。确有一种“气”的东西充斥其中。字虽不高明，但“写的字就是我的人生，从行笔之中，能看出从地狱里生返的男人的人生哲学”。

此幅作品所书“知悟”在秀行先生的书法作品中不多见。

德国著名哲学家叔本华把人的性格分为三个层次，即悟知性格，验知性格和获知性格。所谓悟知性格，就是人生来就具有的先天性格，是人的最内在的本质，人自己所选定的“神明”，也就是意志。简言之，悟知性格，就是人的内在天性。秀行先生的性格正是具有坚强意志的悟知性格。

佛家认为：知诸法一如，悟入所观，离一切妄念，究竟寂灭，便为“知悟”，围棋亦须“知悟”，只有“离一切妄念，究竟寂灭”，忘我入神，才能知机悟道，参透弈理。

本品行笔苍劲有力，章法浑厚大气，充分体现了秀行先生的书法风格。落“秀行”穷款，钤阳文“藤泽秀行”朱印。

16. 女流棋士会初代会长伊藤友惠书“静心”

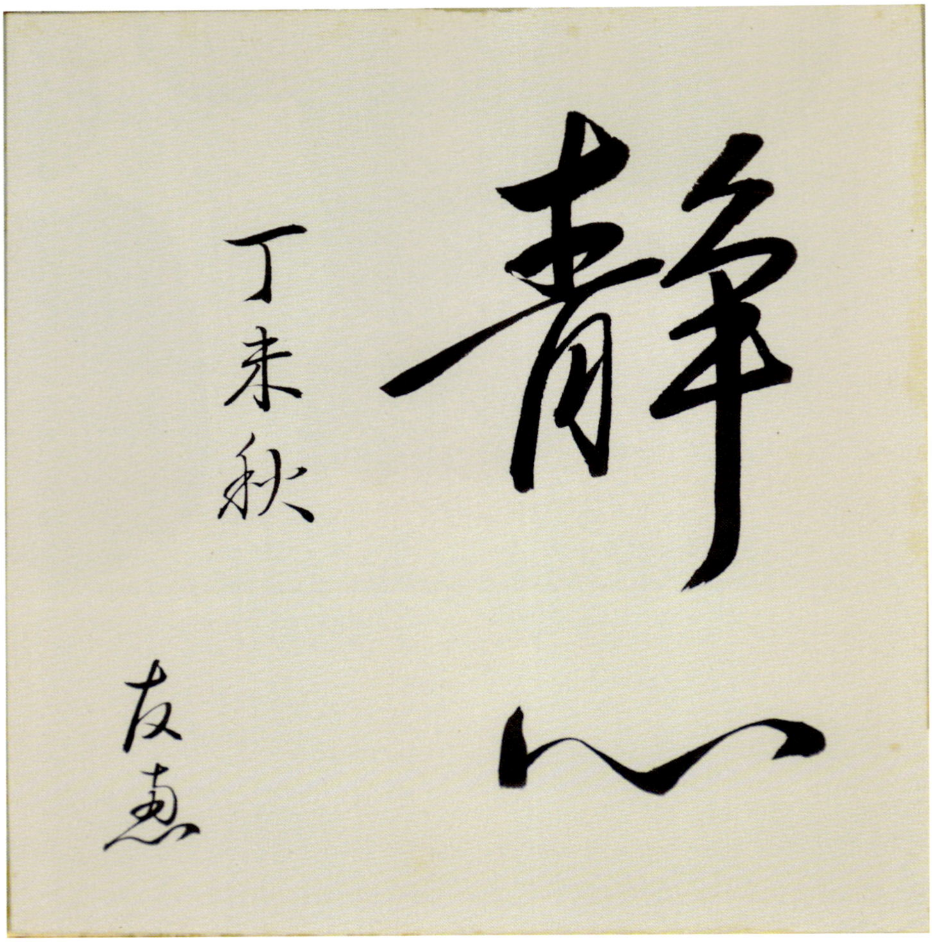

伊藤友惠书“静心”方笺

伊藤友惠，本名川田清子，生于明治四十年，是著名围棋教育家喜多文子的高徒，青年时期以伊藤清子之名征战大手合，和木谷实、高川格、坂田荣男等围棋大师屡有交手，并且偶有胜绩，后在女流棋战中颇有斩获，曾获女流选手权战、女流鹤圣战等各种围棋冠军头衔10次，被称为女流围棋大御所（泰斗），其显赫成绩还不限于此，伊藤友惠人生的高光时刻是在1961年的中日围棋对抗赛上，她以女流棋士身份八战全胜，横扫当时中国围棋的顶尖高手，也正因为此，中国围棋知耻而后勇，发奋图强，终在二十多年后，一雪前耻，站在了世界围棋最高峰。

伊藤友惠门下弟子众多，以著名九段棋士淡路修三最为有名，著名棋士依田纪基的老师安藤武夫也出自伊藤友惠门下。

著名棋手藤泽秀行名誉棋圣对伊藤友惠至为尊敬，笔者收藏有藤泽先生为伊藤友惠亲笔签名的限量版《秀行打棋撰集》。

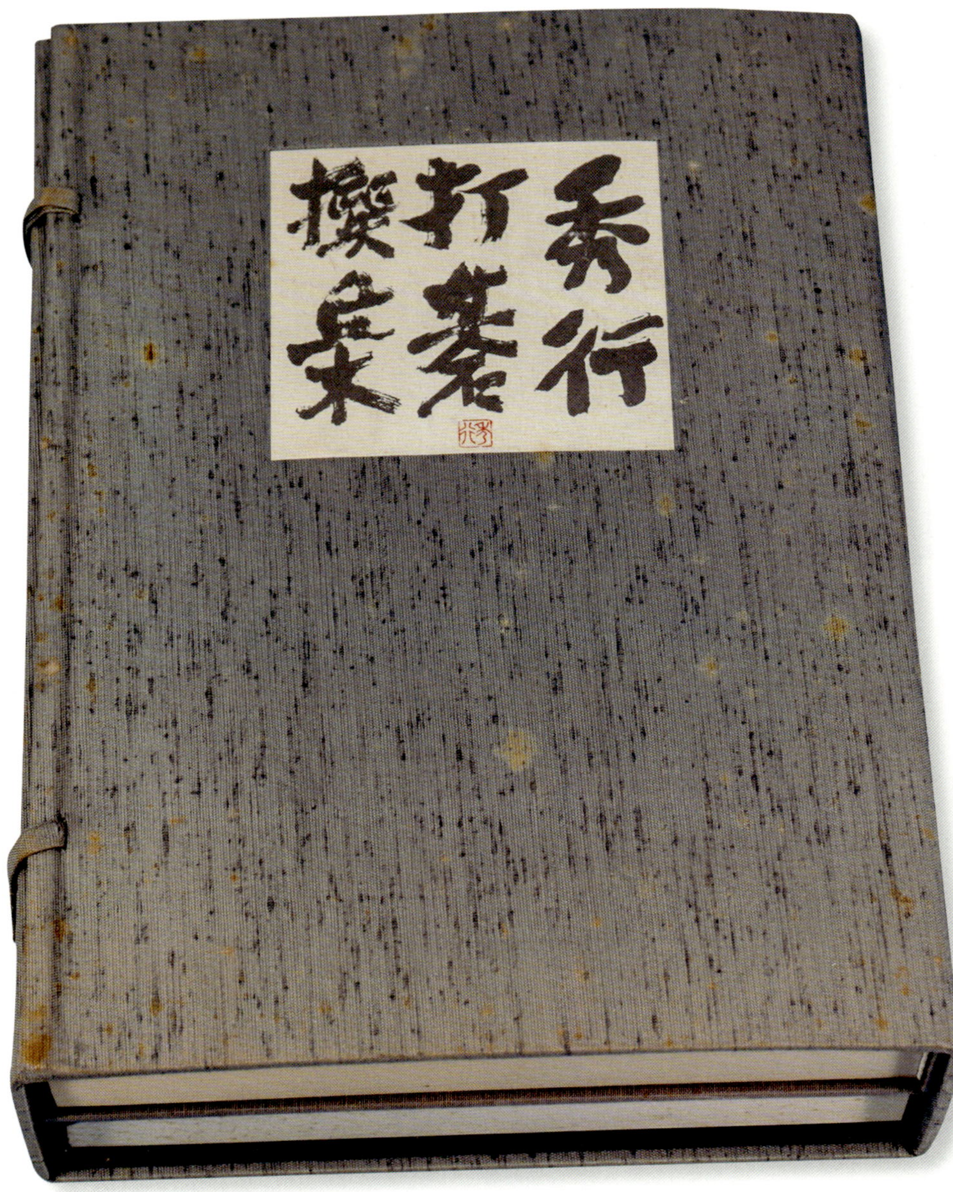

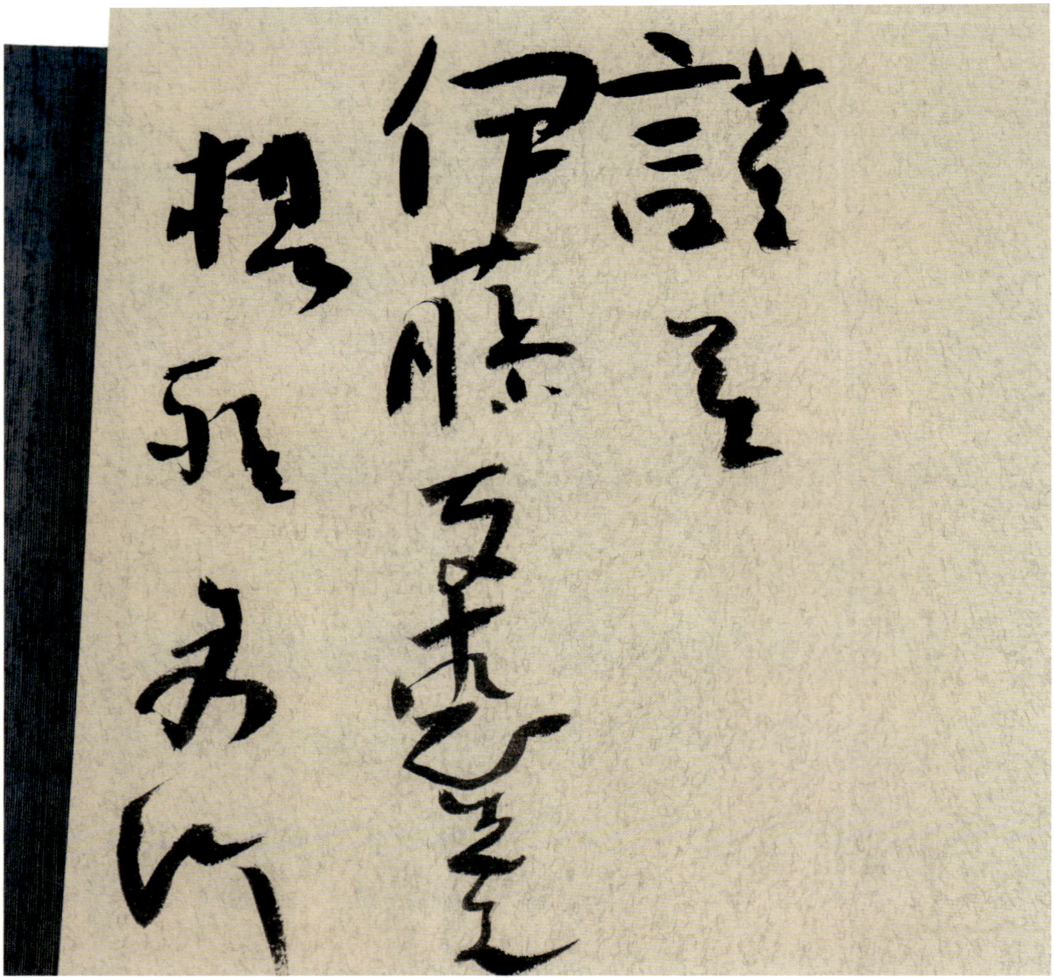

藤泽秀行亲笔题写“谨呈　伊藤友惠先生 棋圣秀行”

所题“静心”二字虽言简而意深。宋代何坦《西畴老人常言（西畴常言）》讲学篇曰：“水道曲折，立岸者见而操舟者迷。棋势胜负，对弈者惑而旁观者审。非智有明暗，盖静可以观动也。人能不为利害所汩，则事物至前，如数一二，故君子养心以静也。” 曾文正公家书曾引此言以教后辈。治学须“养心以静”，作为弈者，“静心”是提高棋艺的必修课。

本品行笔流畅自然，行书娟秀淡雅而不失法度，可见伊藤友惠书法功力之一斑。

第二章　围棋杂项鉴赏

一、免状、围棋名鉴番付

关于“免状”，日本围棋史家林裕认为：段位制是以“上手”（七段）为基准制定的。这是说，从“上手”往上定二级，即“名人上手间之手相（手合）”或“准名人”，以及“名人”，这是日本最早的围棋等级。从“上手”往下分六级，即六段到初段，每段差半子。合起来正好是九个等级，每段差半子。这可以从江户时期免状（段位证书）的格式得到印证，“对上手先互先之手合，六段免许”，“对上手三棋子之手合，初段免许”等，都是以“上手”为基准的。

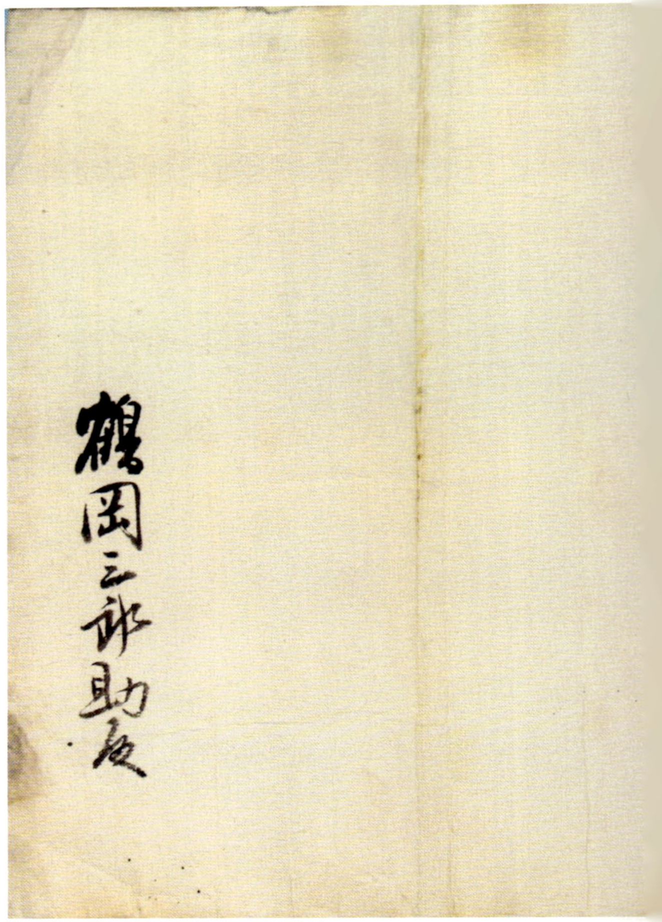

段位制以“九段”即“名人”为最高，其次是“八段”即“准名人”，再其次是“七段”即“上手”，以下各段没有专门名称，最低是“初段”（一段）。每一段相差半子。当然，这是日本棋院成立之前，日本对于段位差棋力的界定标准，与现代的段位差棋力标准截然不同。当前的段位差与棋力差早已不成正比，一般的九段与初段的棋力差大多是胜率差而非子力差，低段棋手在正规比赛中战胜高段棋手甚至顶尖的九段棋手司空见惯，早已不是新闻。这是因为现代围棋定段须在激烈残酷的竞争机制中进行，不具备有机会战胜九段棋手的实力几乎没有定为职业初段的可能。而在古代日本初段棋手与上手（七段）的棋力差为三子。

传承至今的江户时期免状存世不多，散见于日本棋院、秀策纪念馆等各大博物馆，私家有少量收藏，也仅限于零星散张。

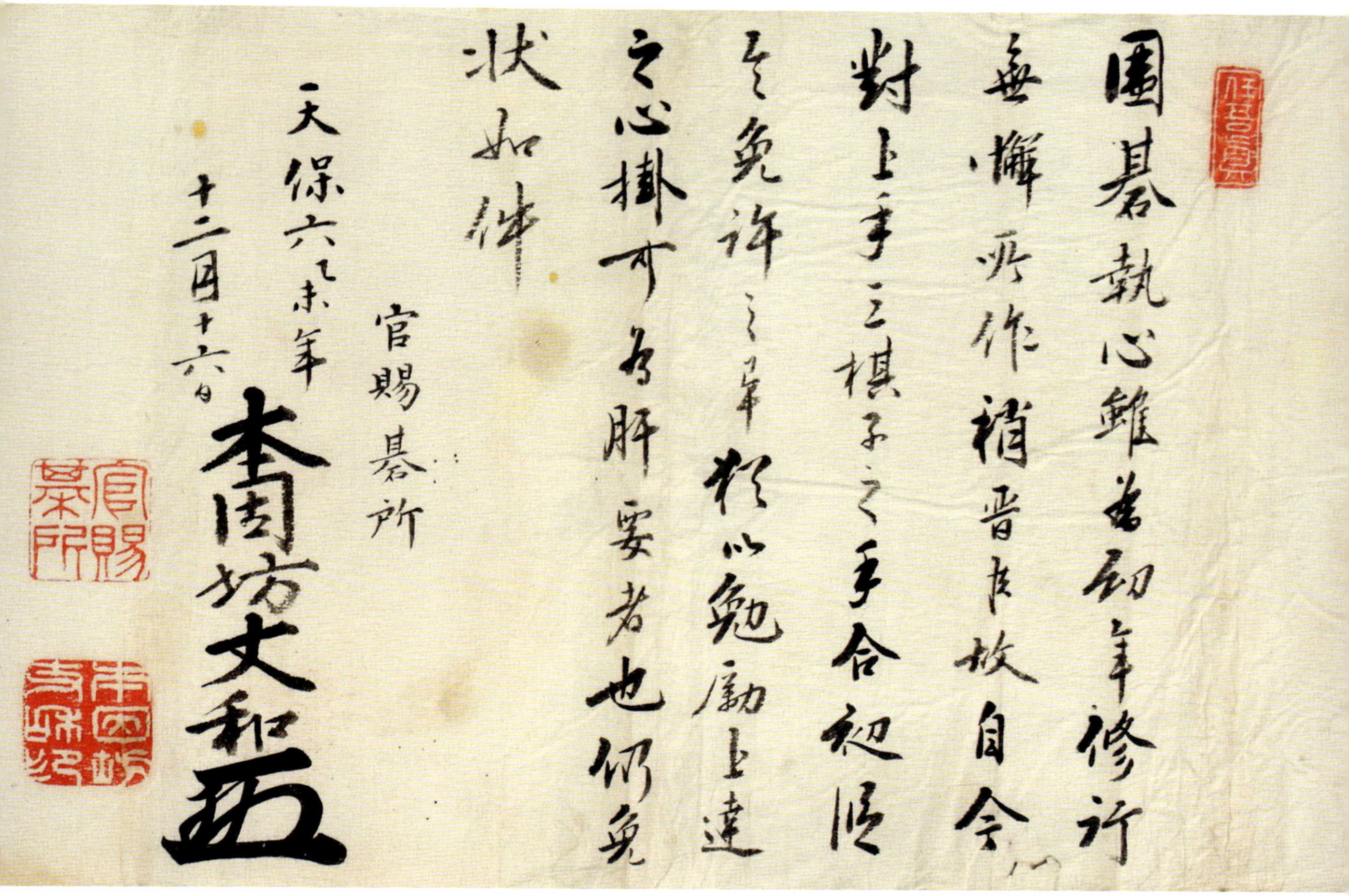

圍碁執心雖爲初年修行
無懈怠作精晉良故自今
對上手二棋子之手合初段
之免許之事 於以勉勵上達
之心掛可爲肝要者也仍免
狀如件

天保六乙未年
十二月十六日
官賜碁所
本因坊丈和

1. 本因坊丈和授鹤冈三郎助初段免状

本品为坊门著名棋手鹤冈三郎助六段从初段到六段的免状，其中初段至四段为丈和名人颁发，五段为本因坊丈策颁发，六段为本因坊秀和颁发。另有本因坊秀和给鹤冈三郎助之子鹤冈镶作颁发的初段免状一件。虽然其中二段免状有残缺，但如本品共七件，完整地记录了幕末时期高段棋手升段记录的成套免状却前所未见，绝无仅有。其价值不可估量。

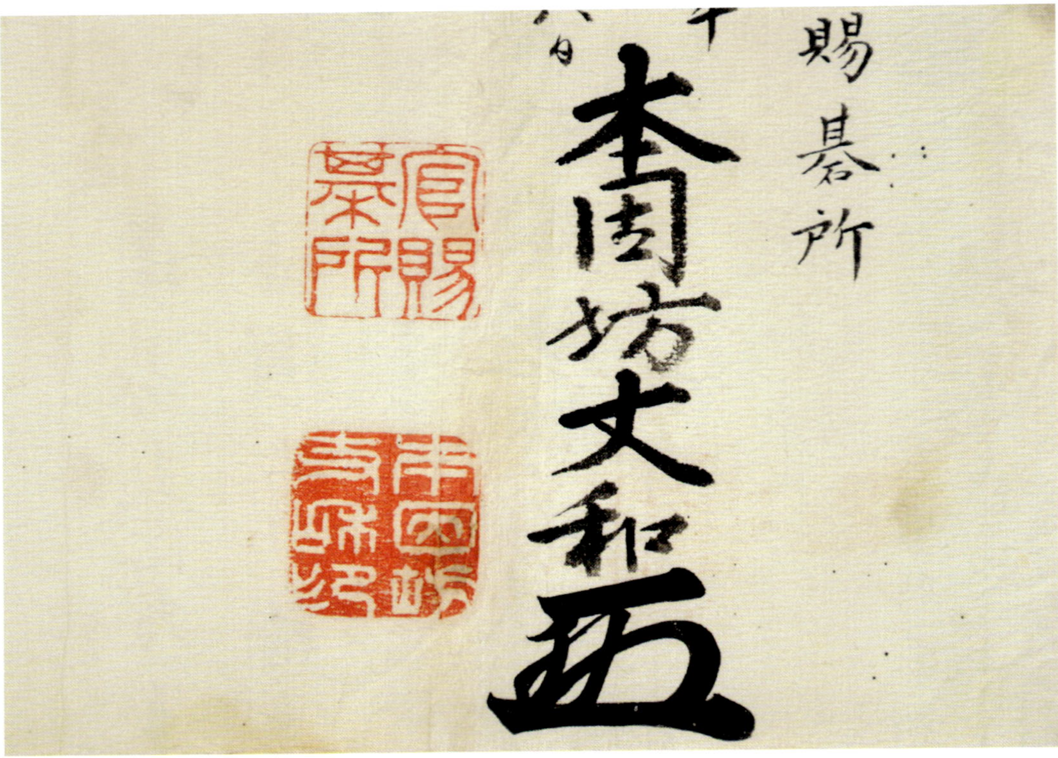

鹤冈三郎助，文政五年（1822年）生于江户目白，号石橘斋，又名梅司。本因坊丈策门下习弈，天保十年升为四段，经常与当时同段位的秀策角逐共进，是与秀策对弈最多的棋手之一，秀策所弈第一局贴目联棋即为鹤冈三郎助、秀和执黑对阵伊藤松和、秀策。因其擅四手联弹和六人大联棋，是当时的大联棋人气棋士。鹤冈三郎助于嘉永七年升六段，易名梅司。顺便更正：日本著名的围棋史学家福井正明先生在其多部具有影响力的如《完本本因坊秀策全集》等著作中均称鹤冈三郎助升六段时间为安政二年，所据当是伊藤幸次郎所著《旁注嘉永围棋人名录》，实误，有笔者所藏秀和颁发之免状可证，鹤冈三郎助升六段时间实为嘉永七年七月四日，尚未改元（嘉永七年十一月二十七日（公元1855年1月15日）因皇居失火、地震、黑船来航等灾异而改元安政元年）。

安政四年，在元丈幼子，丈策之弟宫重策全（又名宫重芝吉）升段祝贺会上鹤冈三郎助曾获与本因坊秀和纪念对局之荣誉，可见其在坊门之重要地位。鹤冈三郎助安政六年（1859年）殁。

本因坊丈和（1787－1847），初姓户谷，后姓葛野，幼名松之助，天明七年（1787年）生于信浓国水内郡（现长野市）。一说生于武州本庄（崎玉县），又一说生于伊豆三岛，另一说生于江户武藏（东京）。（关于丈和出生地，各家其说不一，姑均录此存疑。）其貌短躯肥大，眉若刷漆，生具异禀，相者以为不同凡响。其父经商，经常往来江户，知江户坊门盛名，于是将其送入坊门修习，八岁时为十一世本因坊元丈门人，享和二年（1802年）十六岁初段。文化十二年（1815年）二十九岁晋升五段，文政二年（1819年）三十三岁时被立为本因坊跡目。是年首次出战御城棋，对八世安井知得仙知五目胜。文政十年（1827年）升七段，十二月，元丈以病弱退隐，丈和袭十二世本因坊位。翌年正月，四十一岁时升为准名人（八段）。天保二年（1831年）三月，未经争棋，被官方确认，就位名人棋所。天保六年（1835年）七月出席阁老松平周防守棋会，击败幻庵之弟子赤星因彻，本局中，丈和弈出了被誉为“古今无类之妙手”，而奠定胜局。局后赤星因彻也因此耗尽心志，吐血不止，这就是历史上著名的“因彻吐血之局”。丈和以其刚腕魄力斩获强敌，与因彻呕心沥血之落败形成鲜明对比，本局以其惨烈之凄美而永垂围棋史册。

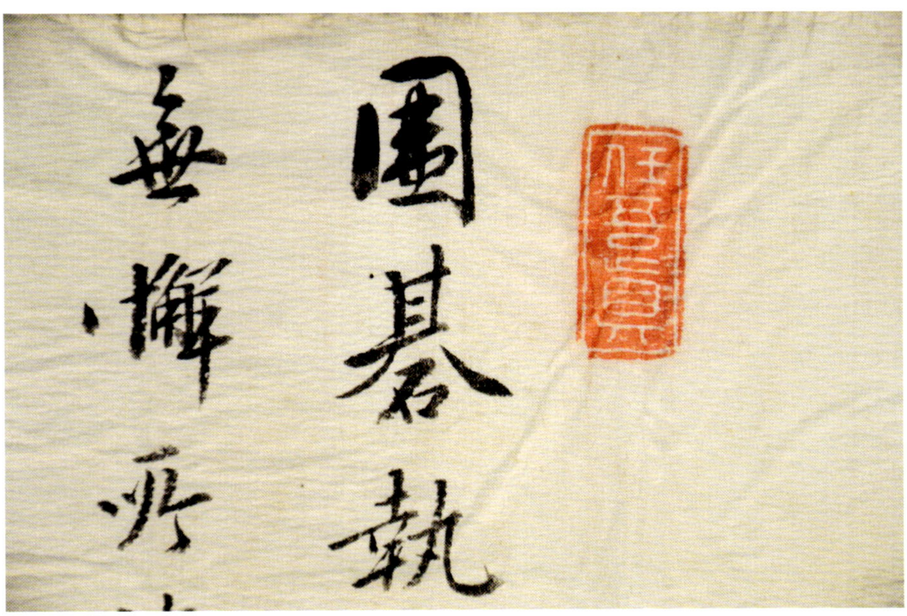

丈和棋风雄劲卓拔，凶悍逼人，其算路精确深远，超乎群类，与前世“棋圣”道策比肩并立，日本棋界誉之为“后圣”。天保十年十一月，丈和退隐，悠悠闲居。弘化四年（1847年）十月十日六十一岁逝世（据《本因坊家旧记》载，丈和逝世于十二月二十日）。法名本因坊丈和日意果位，葬于本乡丸山本妙寺。有《国技观光》《收枰精思》等遗著传世。

值得一提的是：丈和三子过继给中川家，为后世极为有名的第二任方圆社长中川龟三郎，丈和女户谷花子为秀策之妻。

后世公认丈和的棋力量为古今第一，妙手鬼手亦时有所见，江户后期，棋才济济，丈和能脱颖而出，登上名人棋所宝座，当然并非全是其运用手段斡旋的结果，后世亦称之为棋圣，所以能与道策比肩合称“前圣”“后圣”。但明治中期后，丈和运用手段登上名人的丑闻渐被披露，时人便就不再称丈和为棋圣，恰逢秀策的地位日见其高，声望日隆，便改称秀策为“后圣”。不过近代诸贤精研古谱，仰其棋力，又重尊丈和为棋圣，并与道策、秀策合称“三圣”。

此品为丈和名人亲自颁发的鹤冈三郎助定初段免状。

其文曰：“围棋执心，虽为幼年，修行无懈，所作稍晋疾，故自今对上手三棋子之手合，初段令免许之毕，犹以勉励上达之心挂，可为肝要者也。仍免状如件。天保六　乙未年十二月十六日　官赐棋所　本因坊丈和画押　鹤冈三郎助殿”钤阳文“官赐棋所”，阴文“本因坊丈和印”朱印，右上引首“任吾真”章。整件完好无缺，略有斑驳褶皱、虫蛀痕迹。

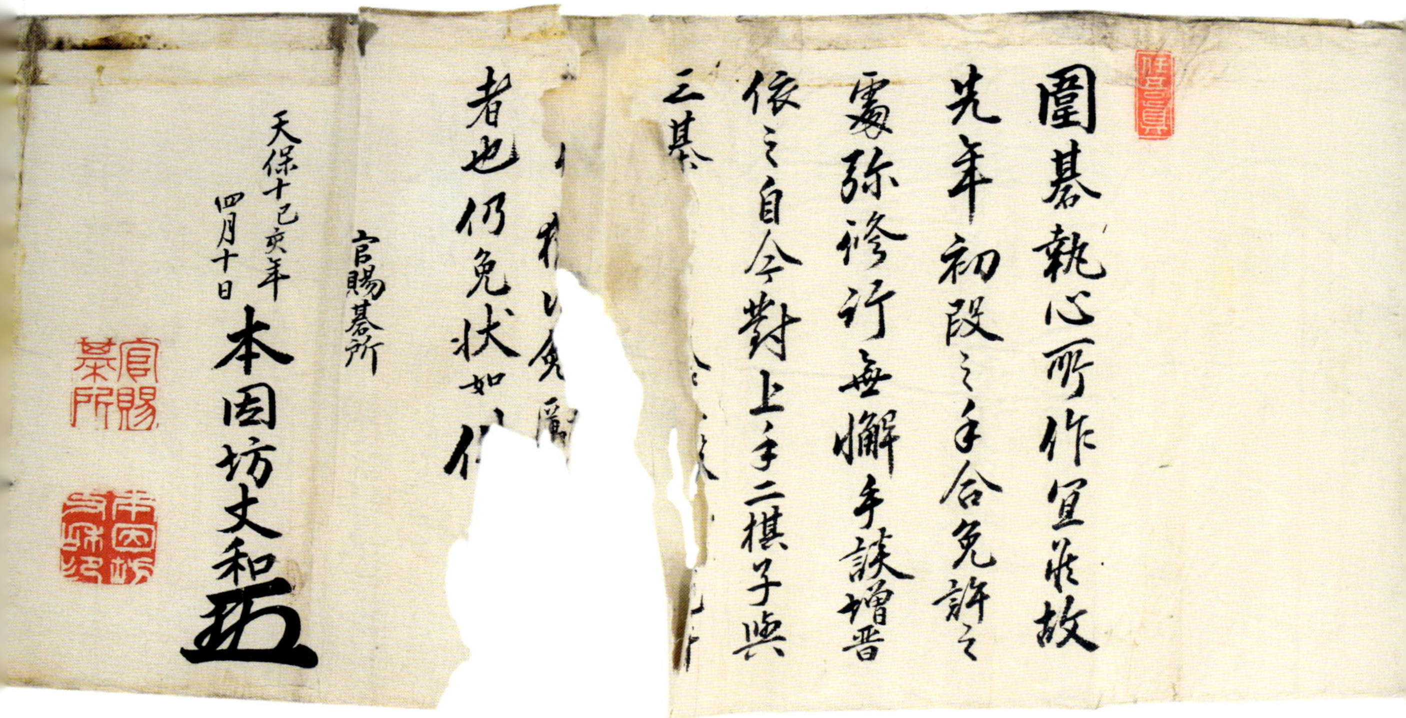

2. 本因坊丈和授鹤冈三郎助二段免状

本品为丈和名人为鹤冈三郎助颁发的二段免状。

其文曰："围棋执心，所作宜疾，故先年初段之手合免许之处，弥修行无懈，手谈增晋，依之自今对上手二棋子与三棋（子之手合，二段令免许之毕，犹以勉励，可为肝要）者也。仍免状如件。天保十 己亥年四月十日 官赐棋所 本因坊丈和画押。"钤阳文"官赐棋所"，阴文"本因坊丈和印"朱印，右上引首"任吾真"章。

整件中间部分有破损缺字，并缺"鹤冈三郎助殿"部分页，较为遗憾。

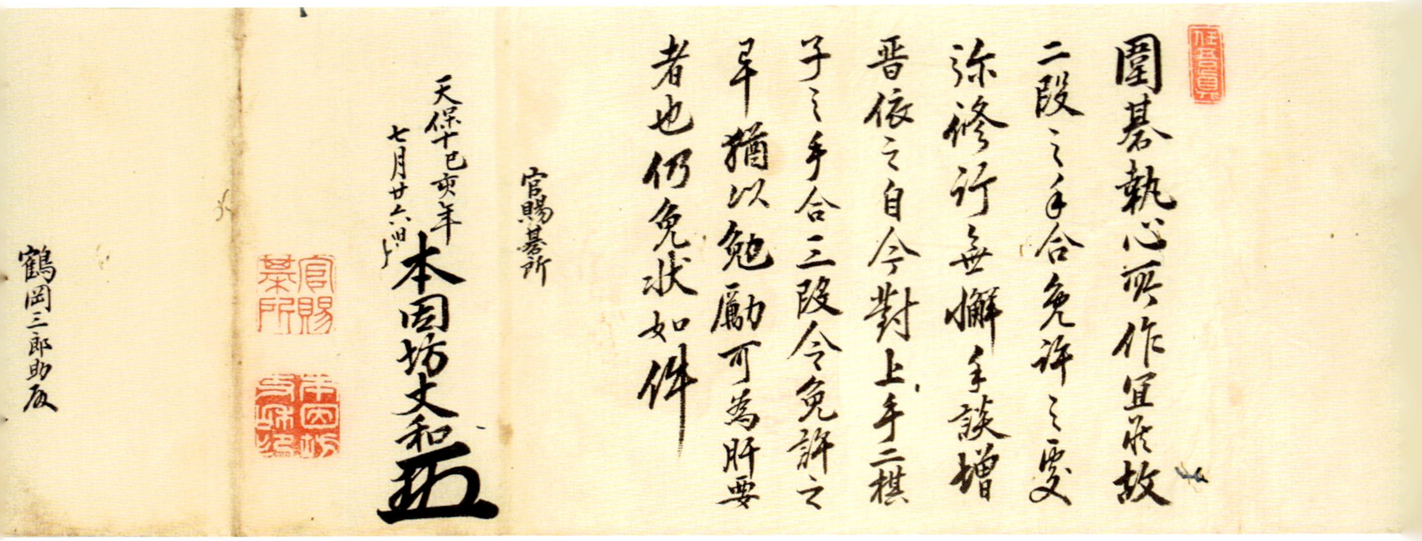

圍棊執心所作宜疾故二段之手合免許之處弥修行無懈手談增晉依之自今對上手二棋子之手合三段令免許之畢猶以勉勵可為肝要者也仍免狀如件

官賜棊所

天保十己亥年七月廿六日

本因坊丈和

鶴岡三郎助殿

3. 本因坊丈和授鹤冈三郎助三段免状

本品为本因坊丈和授鹤冈三郎助三段免状。

其文曰：“围棋执心，所作宜疾，故二段之手合免许之处，弥修行无懈，手谈增晋，依之自今对上手二棋子之手合，三段令免许之毕，犹以勉励，可为肝要者也。仍免状如件。天保十己亥年七月廿六日官赐棋所本因坊丈和画押鹤冈三郎助殿”钤阳文“官赐棋所”，阴文“本因坊丈和印”朱印，右上引首“任吾真”章。

整件完好无缺，略有斑驳褶皱、虫蛀痕迹。

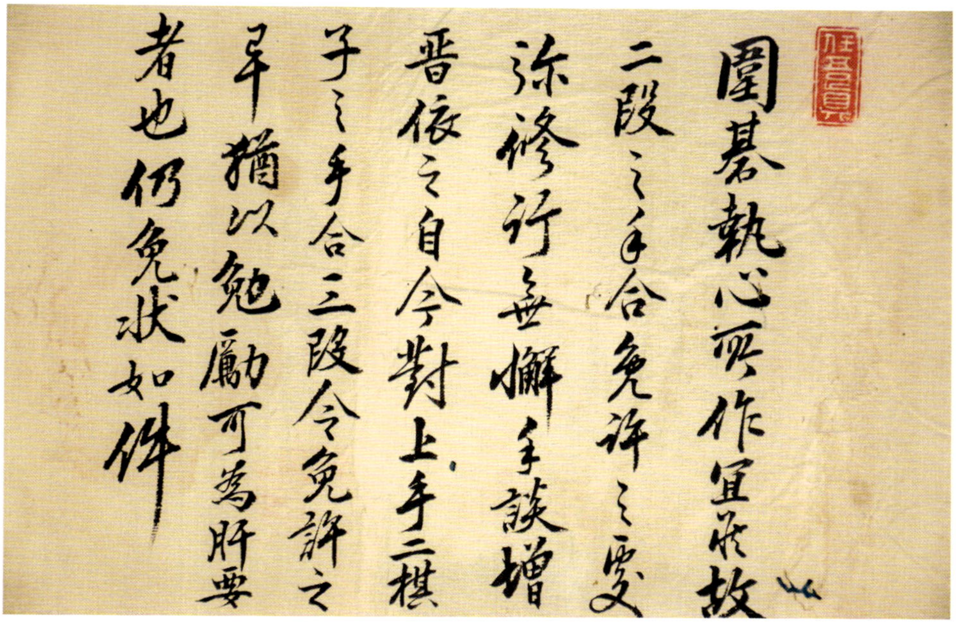
圍碁執心𩔗作宜所故
二段之手合免許之處
弥修行無懈手談增
晉依之自今對上手二棋
子之手合三段令免許之
畢猶以勉勵可爲肝要
者也仍免狀如件

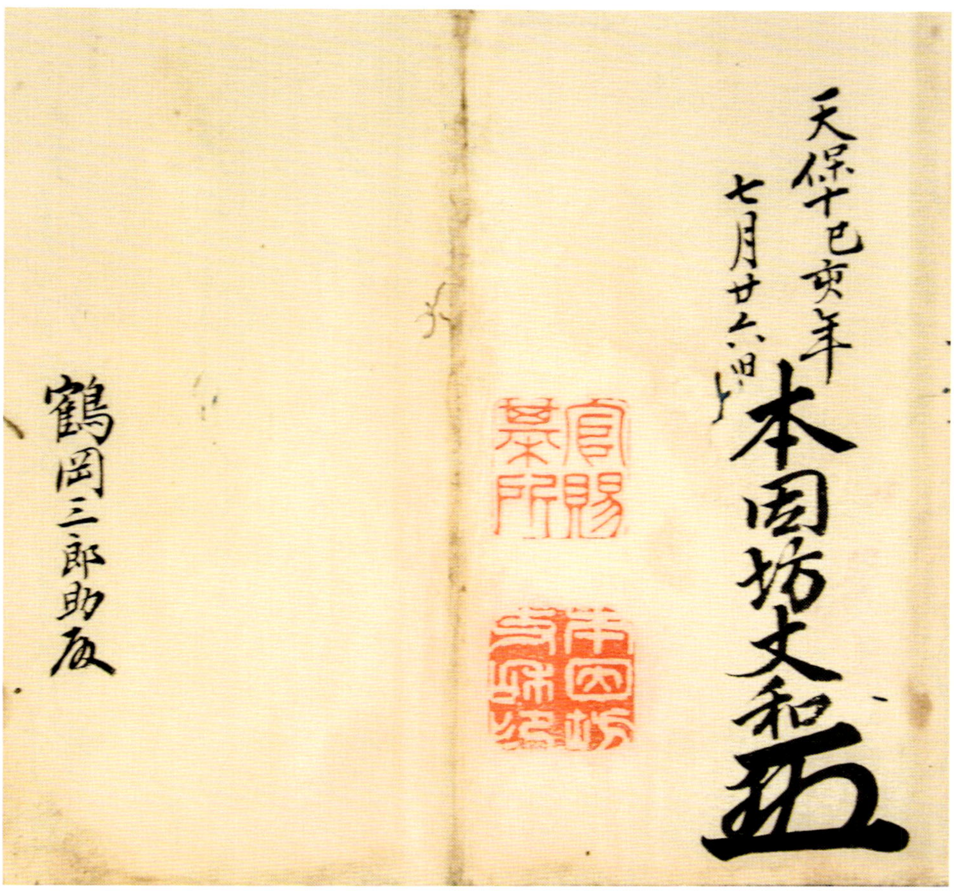
天保十己亥年
七月廿六日
本因坊丈和
鶴岡三郎助殿

4. 本因坊丈和授鹤冈三郎助四段免状

本品为本因坊丈和授鹤冈三郎助四段免状。

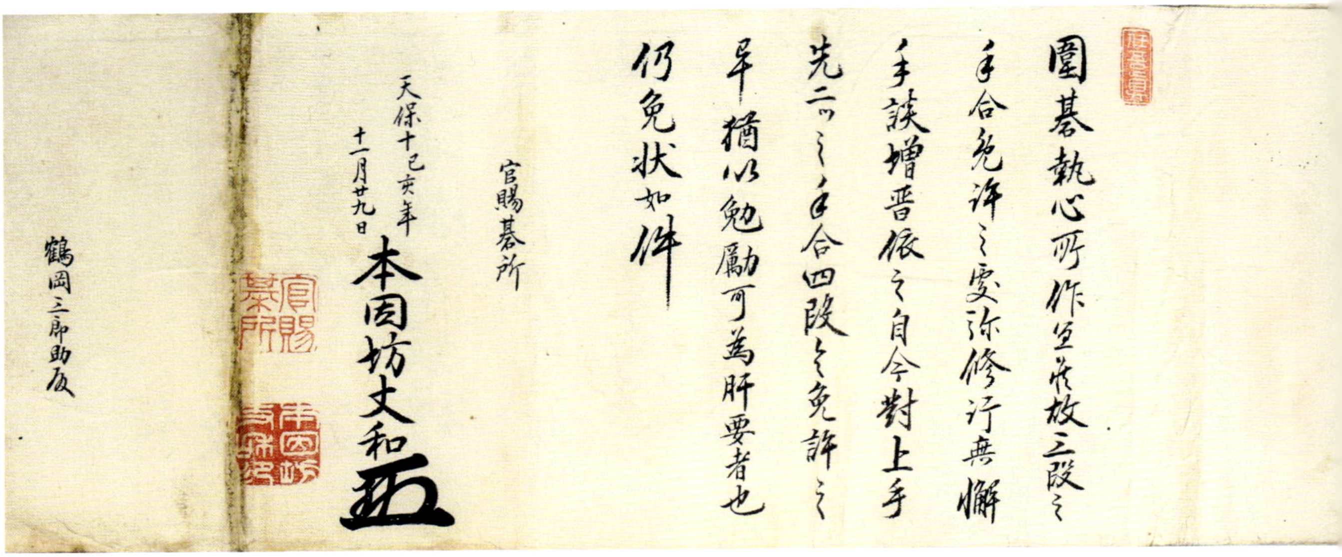
圍碁執心所作至妙故三段之
手合免許之處弥修行無懈
手談增晋依之自今對上手
先二之手合四段之免許之
畢猶以勉勵可為肝要者也
仍免状如件
官賜碁所
天保十己亥年
十一月廿九日
本因坊丈和
鶴岡三郎助殿

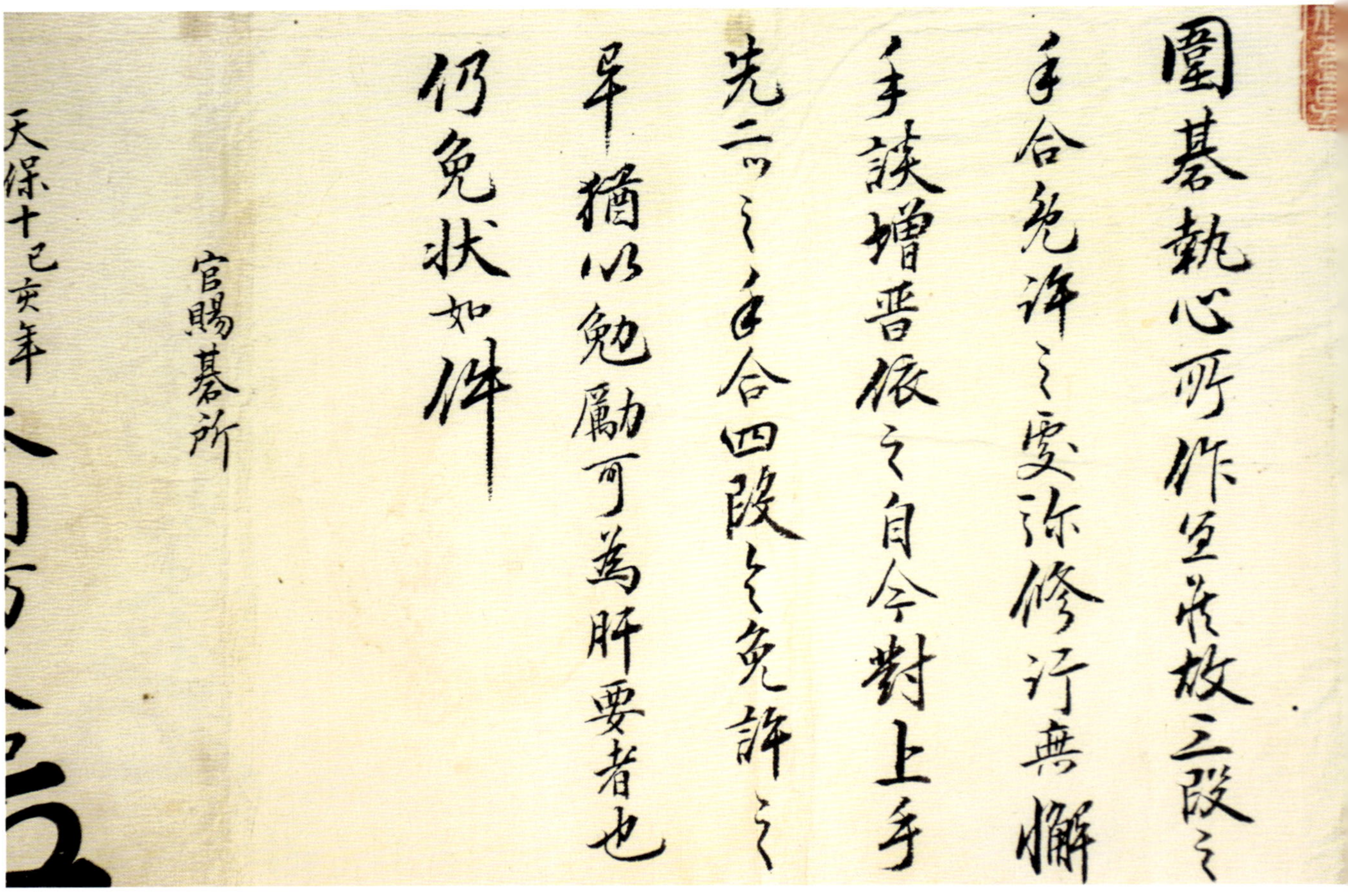
圍碁執心所作至妙故三段之
手合免許之處弥修行無懈
手談增晋依之自今對上手
先二之手合四段之免許之
畢猶以勉勵可為肝要者也
仍免状如件
官賜碁所
天保十己亥年

其文曰："围棋执心，所作宜疾，故三段之手合免许之处，弥修行无懈，手谈增晋，依之自今对上手先二棋子之手合，四段令免许之毕，犹以勉励，可为肝要者也。仍免状如件。天保十 己亥十一月廿九日 官赐棋所 本因坊丈和 画押 鹤冈三郎助殿"钤阳文"官赐棋所"，阴文"本因坊丈和印"朱印，右上引首"任吾真"章。

整件完好无缺，略有斑驳，无虫蛀。

笔者所藏《江户天保十一年（1840年）围棋棋士名鉴番付》四段之部中有鹤冈三郎助在列。

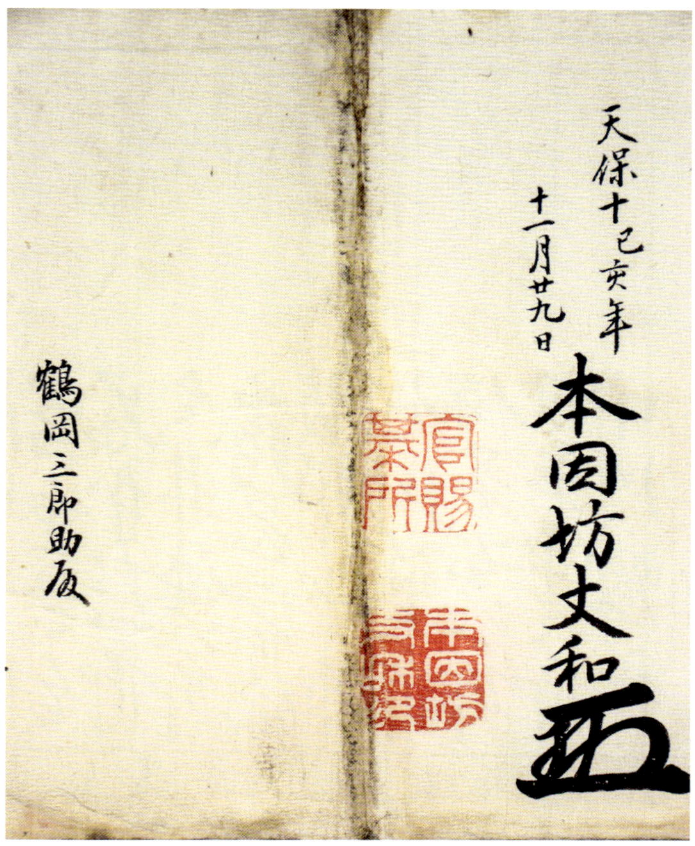

天保十年是鹤冈三郎助棋艺大进的一年，天保六年定初段四年后，天保十年四月升二段，七月升三段，十一月升四段，数月之间，连升三段，升段速度在日本围棋史上可谓空前绝后，可见鹤冈三郎助才华之一斑。

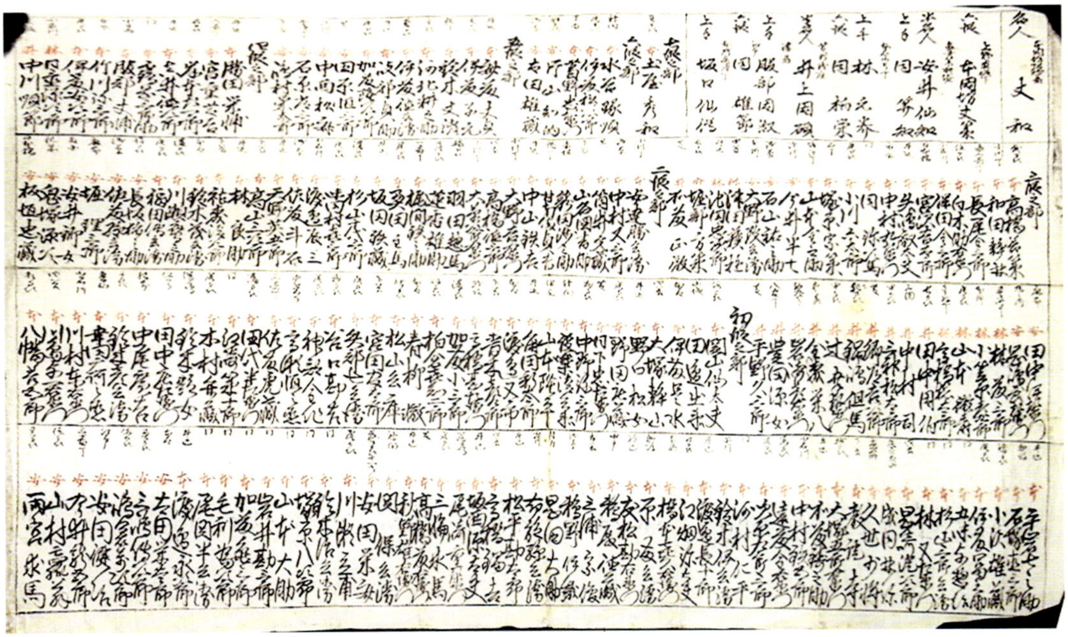

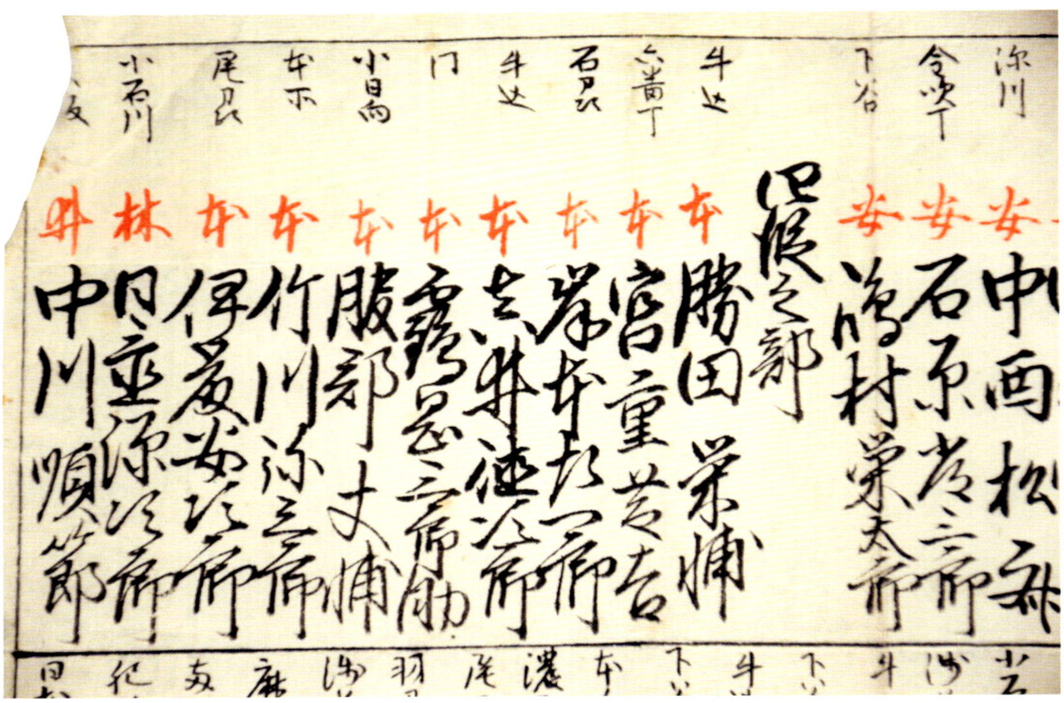

左起第六“鹤岗三郎助”

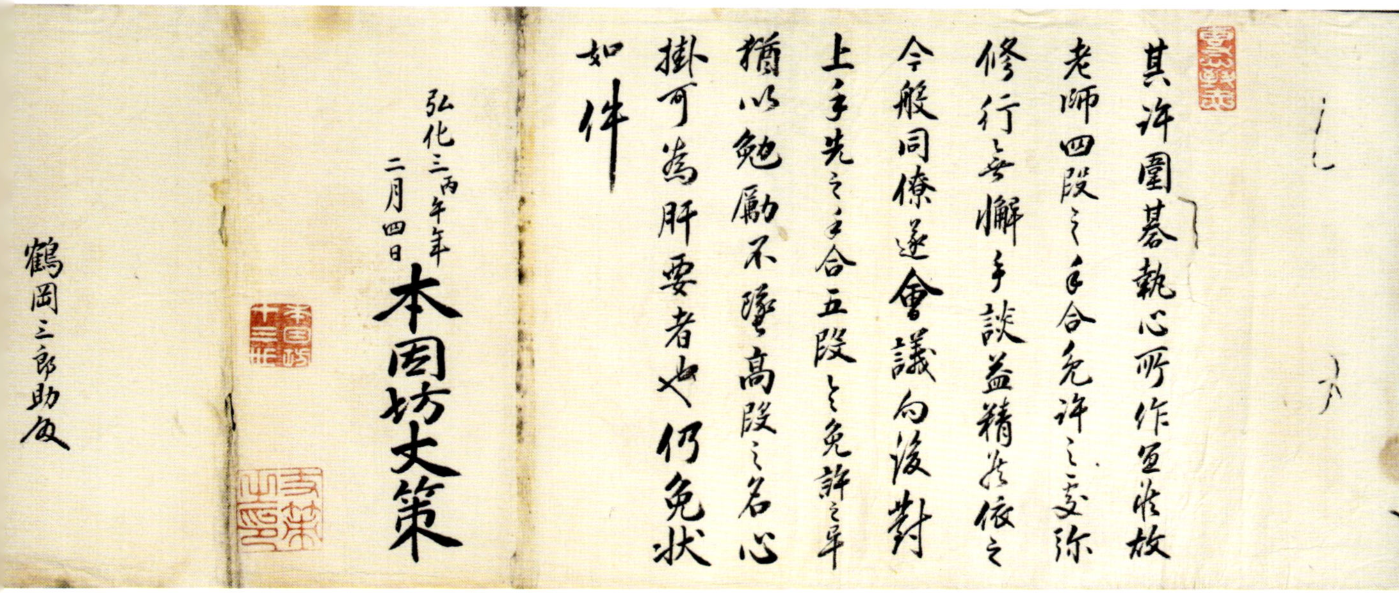
其許圍碁執心所作宜疾故
老師四段之手合免許之處弥
修行無懈手談益精疾依之
今般同僚遂會議向後對
上手先之手合五段之免許之畢
猶以勉勵不墜高段之名心
掛可為肝要者也仍免状
如件
弘化三丙午年
二月四日
本因坊丈策
鶴岡三郎助殿

5. 本因坊丈策授鹤冈三郎助五段免状

此品为本因坊丈策授鹤冈三郎助五段免状。

其文曰：“其许围棋执心，所作宜疾，故老师四段之手合免许之处，弥修行无懈，手谈益精疾，依之今般同僚遂会议，向后对上手先之手合，五段令免许之毕，犹以勉励，不坠高段之名心挂，可为肝要者也。仍免状如件。弘化三丙午年二月四日　本因坊丈策　画押　鹤冈三郎助殿”钤阴文“本因坊十三世”，阳文“丈策之印”朱印，右上引首“专心致志”章。

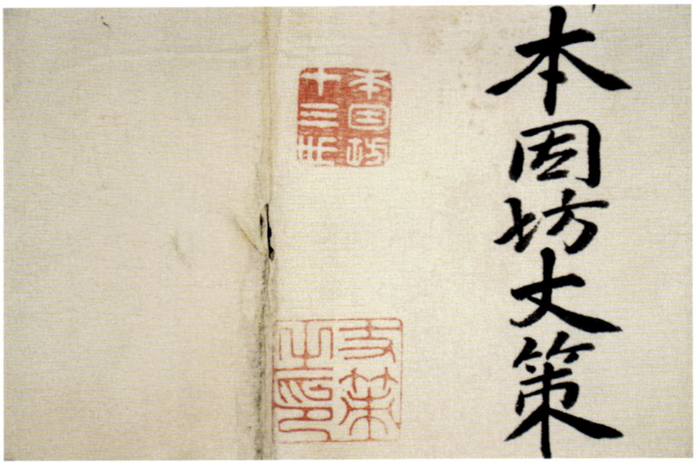
本因坊丈策

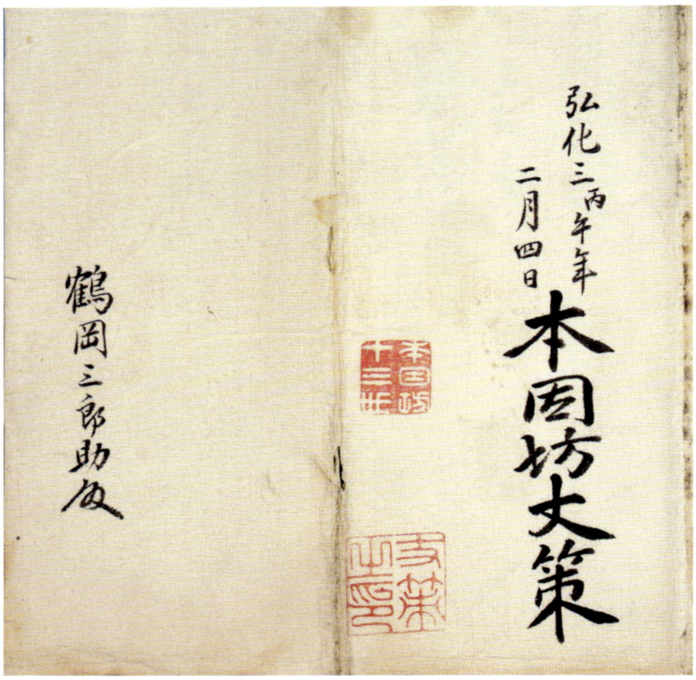
弘化三丙午年
二月四日
本因坊丈策
鶴岡三郎助殿

其许
老师

整件完好无缺，略有斑驳，虫蛀。

笔者所藏江户嘉永三年（1850）木版围棋棋士名鉴番付《大日本围棋段附名人鉴》中本因坊门之部五段组有鹤冈三郎助在列。

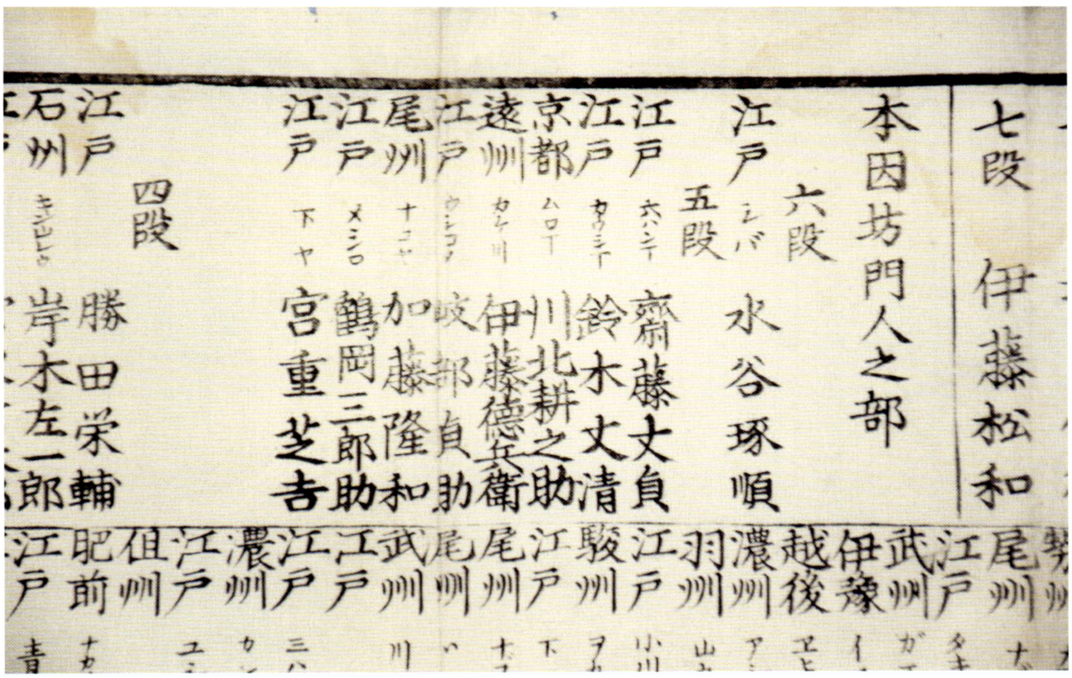
七段　伊藤松和
本因坊門人之部
六段　江戸　ミバ　水谷琢順
五段
江戸　六ハンチ　齋藤丈貞
江戸　カウシチ　鈴木丈清
京都　ムロ丁　川北耕之助
遠州　カケ川　伊藤徳兵衛
江戸　ウシゴメ　坂部貞助
尾州　ナゴヤ　加藤隆和
江戸　メシロ　鶴岡三郎助
江戸　下ヤ　宮重芝吉
四段
江戸　勝田栄輔
石州　岸木左一郎
尾州　江戸　武州　伊豫　越後　濃州　羽州　江戸　駿州　江戸　尾州　尾州　武州　江戸　江戸　濃州　江戸　但州　肥前　江戸

本因坊丈策，原名宫重岩之助，第十一世本因坊元丈之子。享和三年（1803年）出生，天保五年三十二岁时被立为第十三世本因坊继承人，当时的段位为六段。同年，代表本因坊家出战御城棋，与井上家的幻庵因硕对局，晋升七段。三十七岁时正式袭本因坊位。翌年，立土屋秀和为第十四世本因坊继承人。丈策为人敦厚，且以博学多才著称于日本棋界。但丈策生来体弱，于弘化四年，四十四岁时就英年早逝了。其著作有《古今众枰》等。

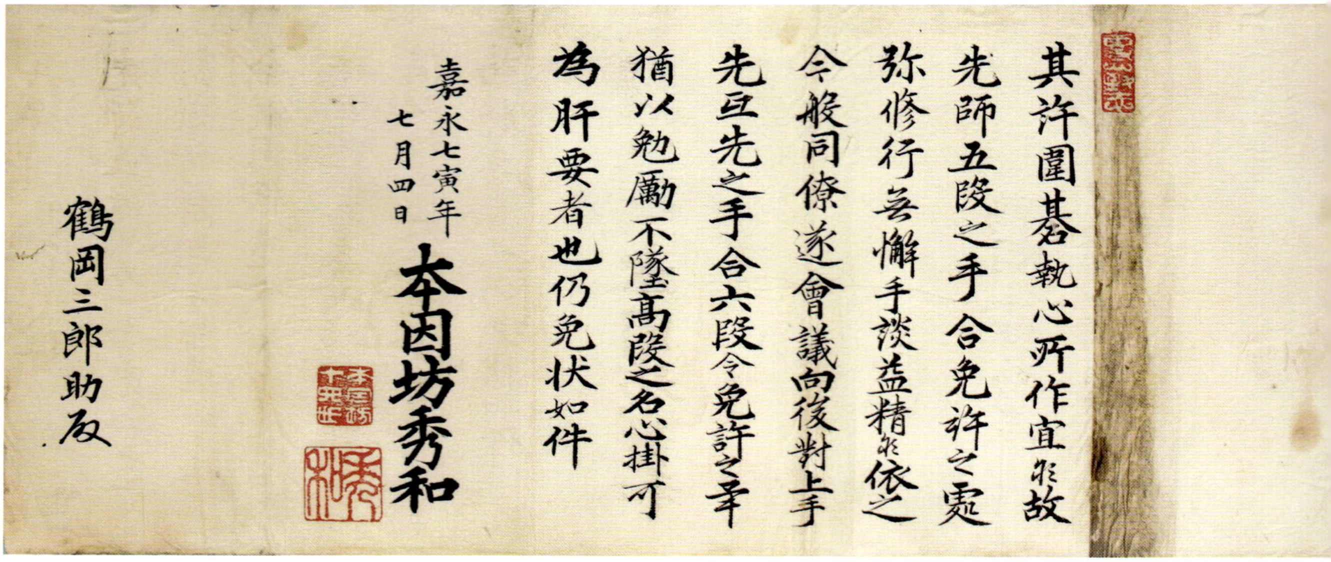
其許圍碁執心所作宜疾故
先師五段之手合免許之處
弥修行無懈手談益精疾依之
今般同僚遂會議向後對上手
先互先之手合六段令免許之畢
猶以勉勵不墜高段之名心掛可
為肝要者也仍免状如件
嘉永七寅年
七月四日
本因坊秀和
鶴岡三郎助殿

6. 本因坊秀和授鹤冈三郎助六段免状

本品为本因坊秀和授鹤冈三郎助六段免状。

其文曰：“其许围棋执心，所作宜疾，故先师五段之手合免许之处，弥修行无懈，手谈益精疾，依之今般同僚遂会议，向后对上手先互先之手合，六段令免许之毕，犹以勉励，不坠高段之名心挂，可为肝要者也。仍免状如件。嘉永七寅年七月四日本因坊秀和鹤冈三郎助殿”钤阴文“本因坊十四世”，阳文“秀和”朱印，右上引首“专心致志”章。

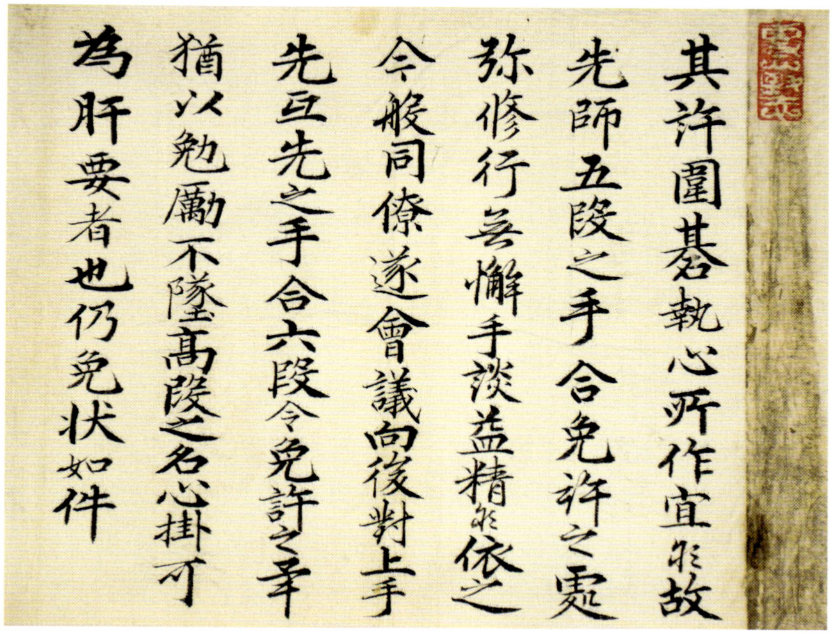
其許圍碁執心所作宜於故
先師五段之手合免許之處
弥修行無懈手談益精於依之
今般同僚遂會議向後對上手
先互先之手合六段令免許之畢
猶以勉勵不墜高段之名心掛可
為肝要者也仍免狀如件

因坊秀和

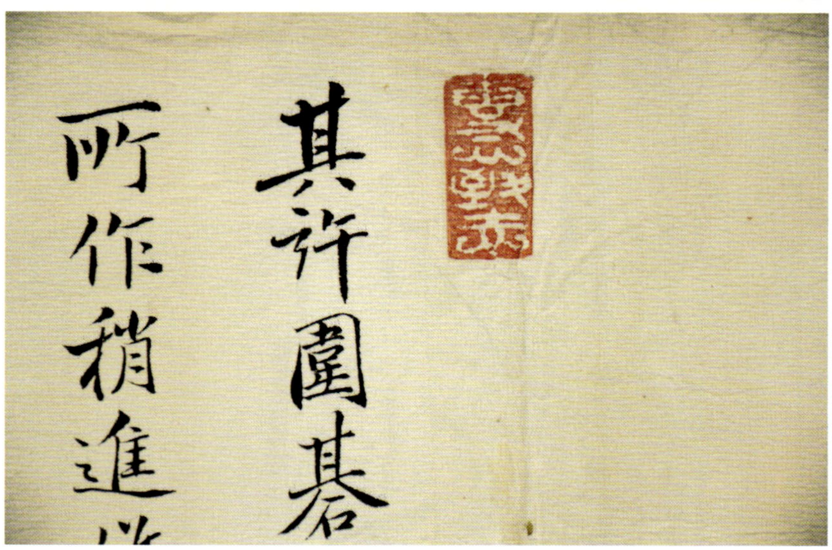
其許圍碁
所作稍進

整件完好无缺，略有斑驳，无虫蛀。

土屋秀和，此后的十四世本因坊秀和，本姓土屋氏，幼名恒太郎，文政十二年（1820年）出生于伊豆市小下田，十三岁时入本因坊丈和门下。天保十年，丈和退隐，丈策继任第十三世本因坊，时秀和为七段。同年十一月，第十一世井上因硕幻庵为争棋所位挑战坊门，秀和与之争棋，三局连胜，此战后，因硕意气沮丧，而秀和从此声威大振。弘化四年，丈策殁，秀和继任第十四世本因坊。

秀和棋艺超群，卓拔独立于世，为本因坊门一代宗师。其长子秀悦为十五世本因坊，次子秀荣为十七、十九世本因坊，更被誉为“名人中的名人”，三子秀元为十六、二十世本因坊，其入室弟子秀甫为十八世本因坊，秀策虽名为丈和、丈策弟子，实于秀和处受益更多。后世棋家尊秀和与其先辈十一世本因坊元丈，八世安井仙知（知得），十一世井上幻庵因硕同为日本“围棋四哲”。但因当时幕府时代的崩溃和受到十三世井上因硕的阻挠，未能继任名人棋所。于明治六年（1837年），秀和五十四岁时郁郁而终。

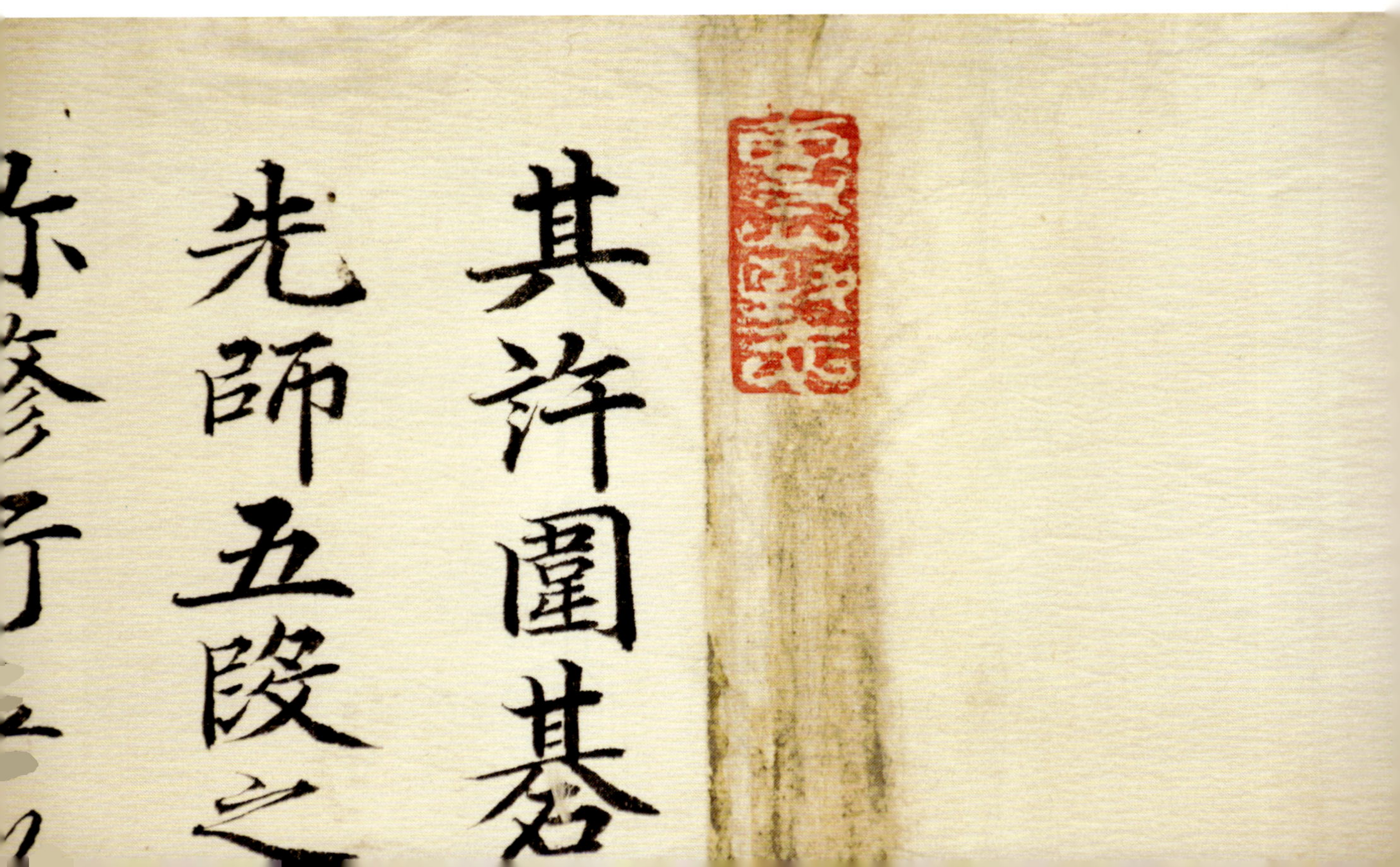

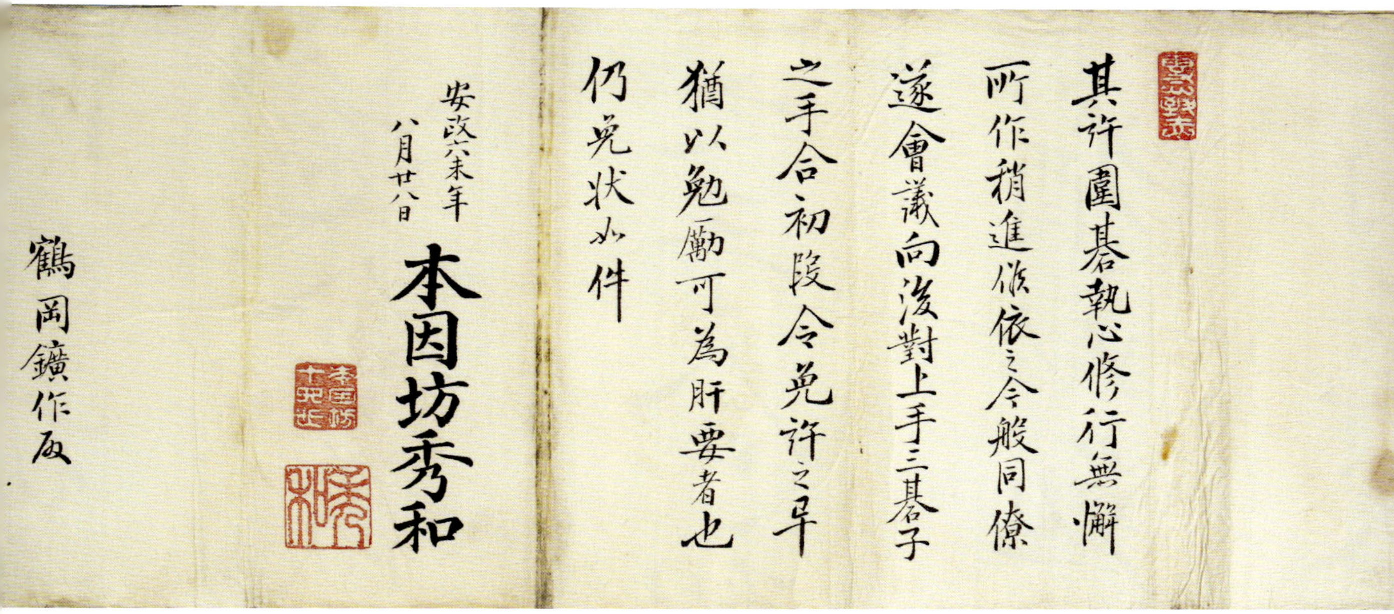
其許圍碁執心修行無懈
所作稍進倐依之令般同僚
遂會議向後對上手三碁子
之手合初段令免許之畢
猶以勉勵可為肝要者也
仍免状如件
安政六未年
八月廿八日
本因坊秀和
鶴岡鐄作殿

7. 本因坊秀和授鹤冈镄作初段免状

本品为本因坊秀和授鹤冈镄作初段免状。

鹤冈镄作应为鹤冈三郎助之子，本因坊秀和弟子，生平事迹不详。

其文曰：“其许围棋执心修行无懈，所作稍进倐（与疾通），依之今般同僚遂会议，向后对上手三棋子之手合，初段令免许之毕，犹以勉励，可为肝要者也。仍免状如件。安政六未年八月廿八日本因坊秀和鹤冈镄作殿”钤阴文“本因坊十四世”，阳文“秀和”朱印，

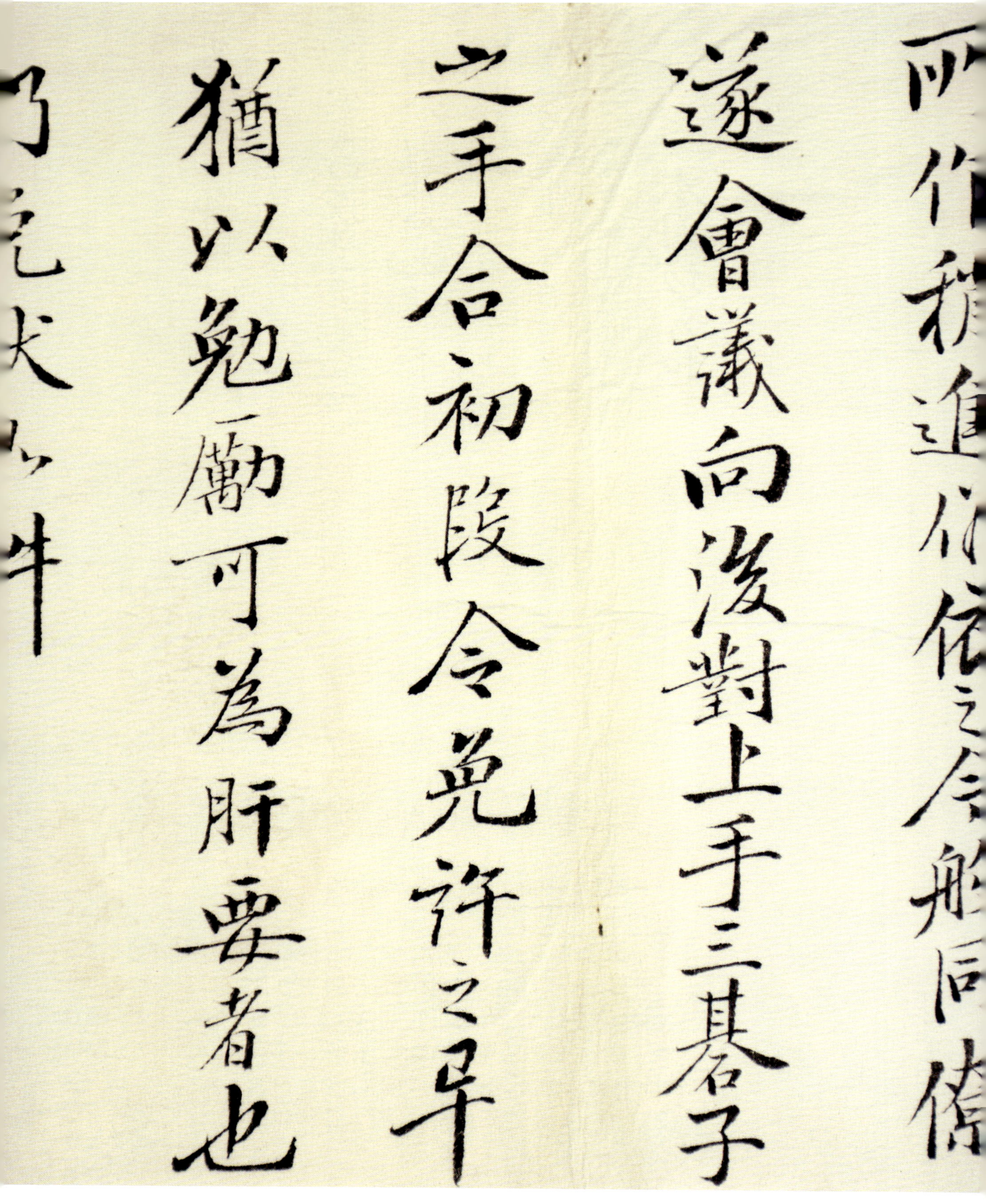
所作稍進依依之令般局倍
遂會議向後對上手三碁子
之手合初段令覓許之平
猶以勉勵可為肝要者也
仍乞状如件

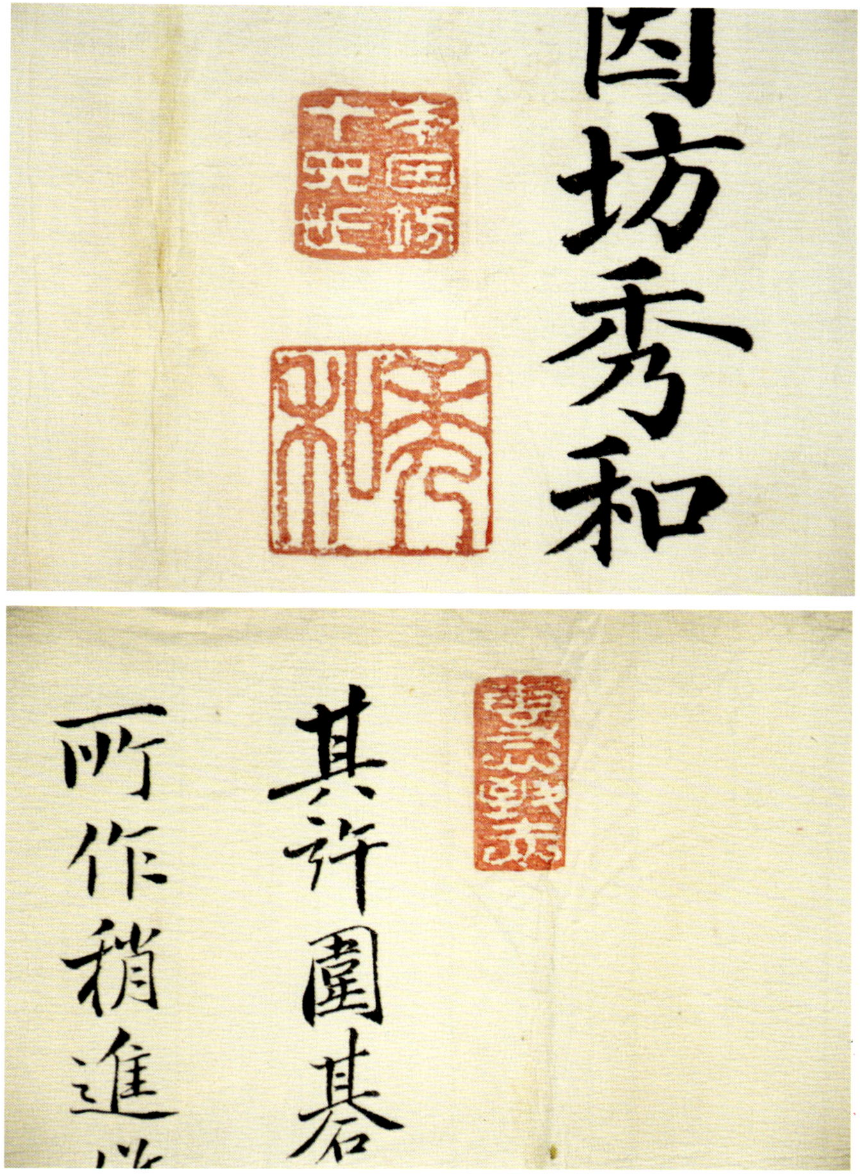

右上引首“专心致志”章。

整件完好无缺，略显斑驳，无虫蛀。

8. 本因坊丈和授铃木伊兵卫初段免状

本品为本因坊丈和授铃木伊兵卫初段免状。

其文曰：“围棋执心，修行无懈，所作稍晋，依之自今对上手三棋子之手合，初段令免许之毕，犹以勉励，可为肝要者也。仍免状如件。天保十己亥年九月十六日官赐棋所本因坊丈和画押”钤阳文“官赐棋所”，阴文“本因坊丈和引”朱印，右上引首“任吾真”章。整件右上略有缺角，斑驳褶皱、无虫蛀。

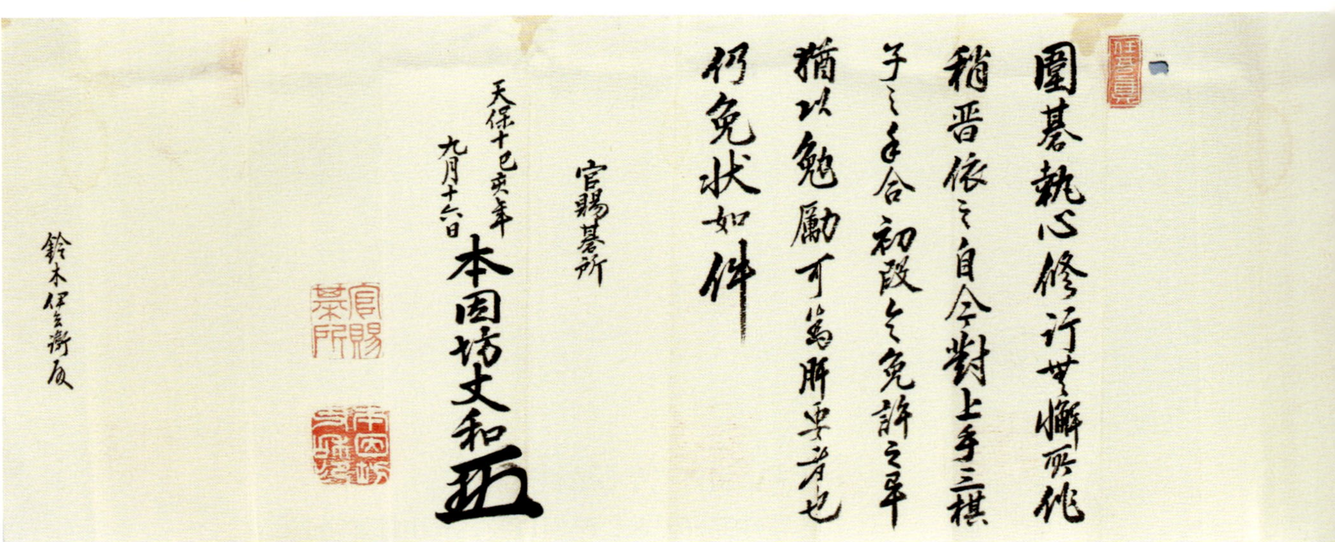
任吾真
圍碁執心修行無懈所作
稍晋依之自今對上手三棊
子之手合初段之免許之畢
猶以勉勵可爲肝要者也
仍免状如件
官賜碁所
天保十己亥年
九月十六日
本因坊丈和
官賜碁所
本因坊丈和引
鈴木伊兵衛殿

铃木伊兵卫：本因坊丈和弟子，生平事迹不详。

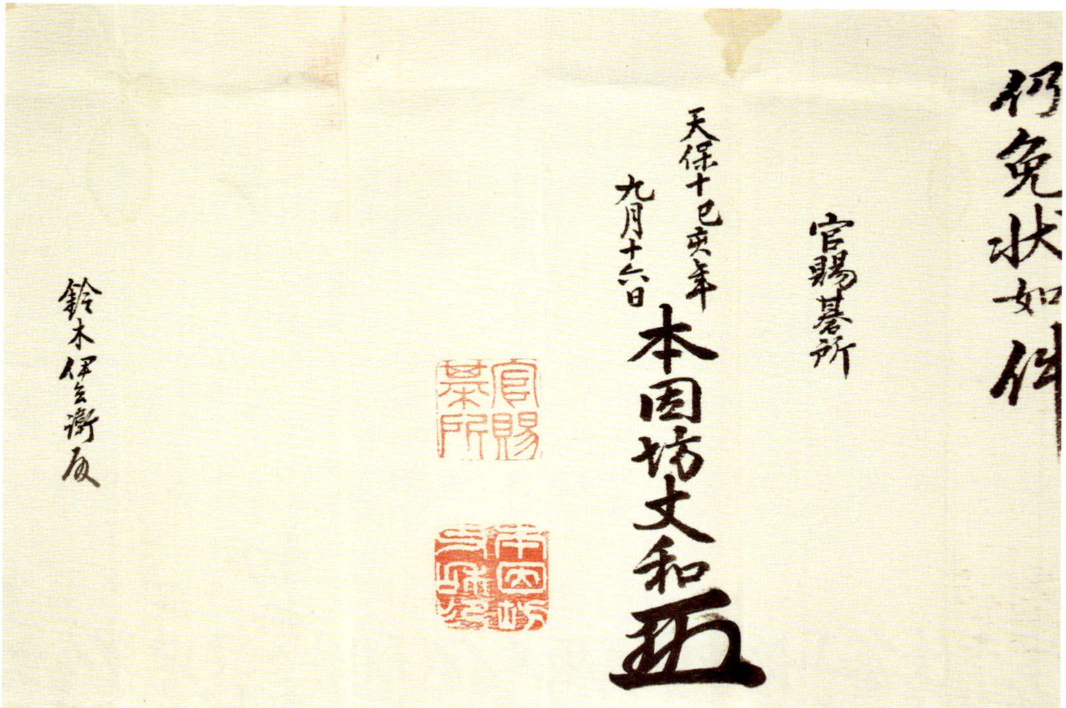

在《围棋文化万花镜》和现藏于秀策纪念馆的天保十年《日本国中围棋姓名录》，和笔者所藏的《天保十一年（1840年）围棋棋士名鉴番付》和笔者所藏的《日本围棋段附名人鉴》中本因坊门人初段之部都有铃木伊兵卫记录在列。

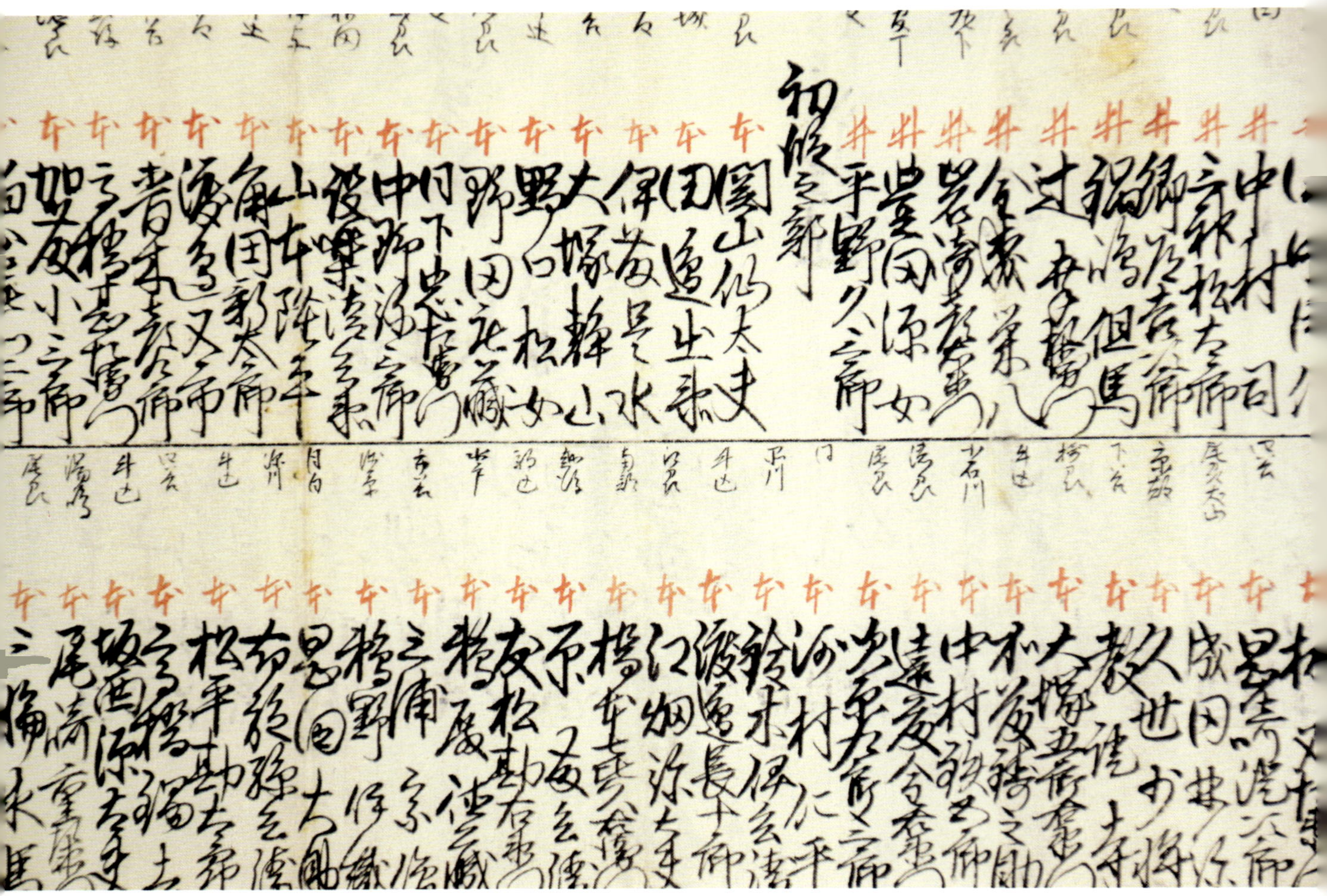

下列右起第12

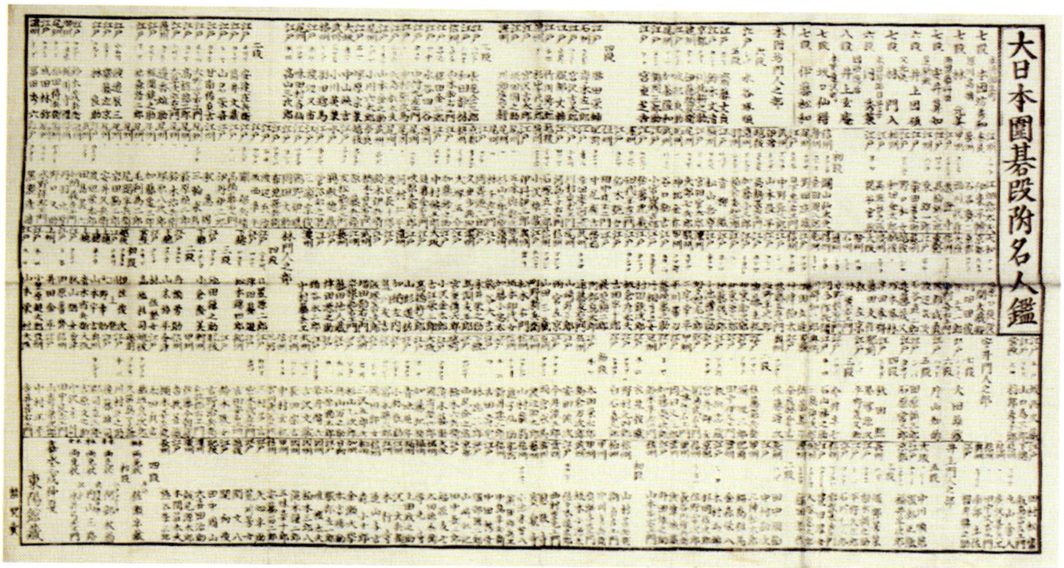

大日本圍碁段附名人鑑

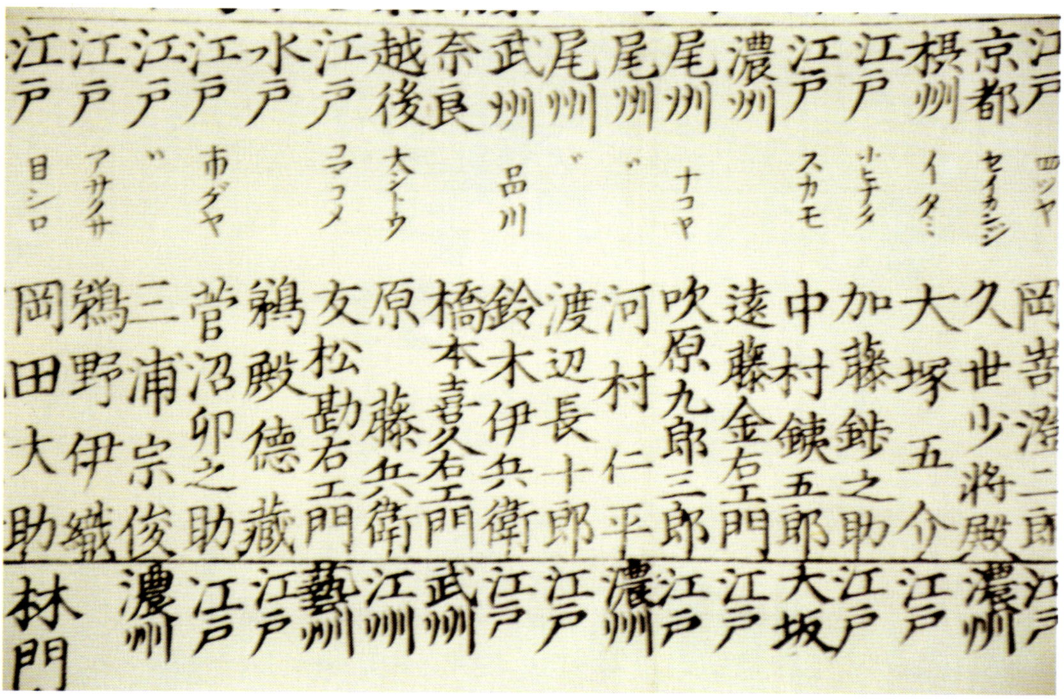

江戸 四ツヤ 岡嵜澄二郎
京都 セイガンジ 久世少將殿
相州 イタミ 大塚五介
江戸 小ヒナタ 加藤銈之助
江戸 スカモ 中村鍈五郎
濃州 遠藤金左エ門
尾州 ナゴヤ 吹原九郎三郎
尾州 ゞ 河村仁平
尾州 ゞ 渡辺長十郎
武州 品川 鈴木伊兵衛
奈良 橋本喜久左エ門
越後 大シトウ 原藤兵衛
江戸 コマゴメ 友松勘右エ門
水戸 鵜殿德藏
江戸 市ガヤ 菅沼卯之助
江戸 ゞ 三浦宗俊
江戸 アサクサ 鵜野伊織
江戸 目シロ 岡田大助

江戸 濃州 江戸 江戸 大坂 江戸 江戸 濃州 江戸 江戸 武州 江州 藝州 江戸 江戸 濃州 林門

左起第9“铃木一兵卫”

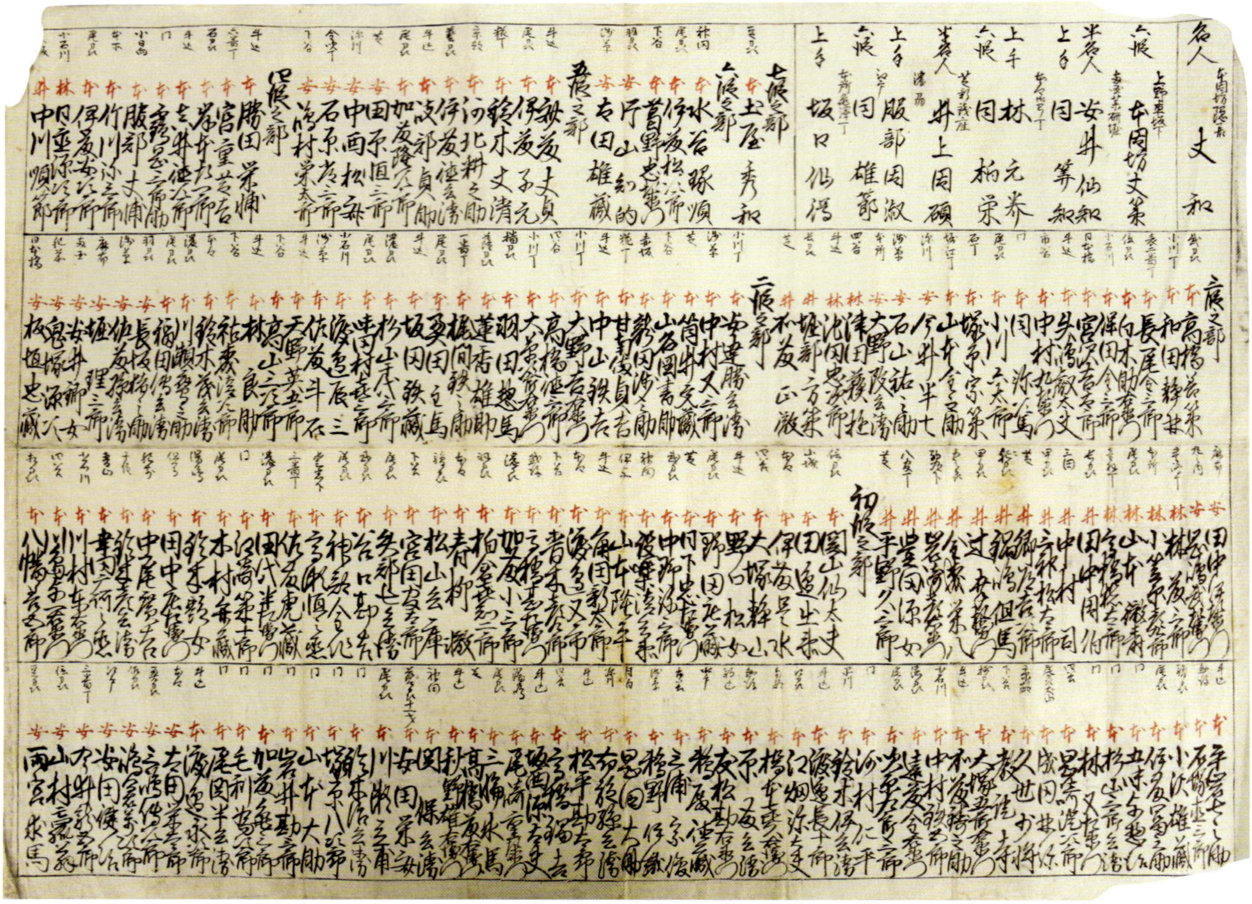

9. 江户时期《天保十一年围棋棋士名鉴番付》

本品为江户时期天保十一年（1840年）印制的当时日本围棋四大家所有段位棋手名录，背面有“本因坊、安井、井上、林门入合印”字样，并注明：“总人数贰百五拾三人”“天保十一庚子年正月改”，本品是了解当时日本围棋活动的珍贵史料。

幅31.5cm×42cm。手写，略有缺角

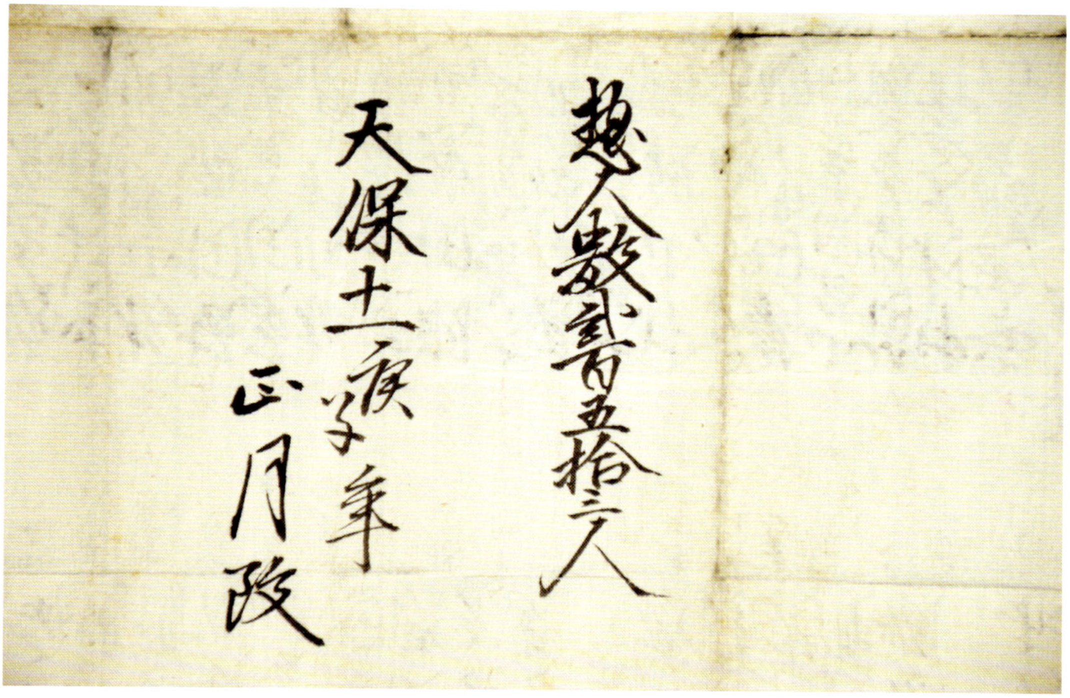
惣人数弐百五拾二人

天保十一庚子年

正月改

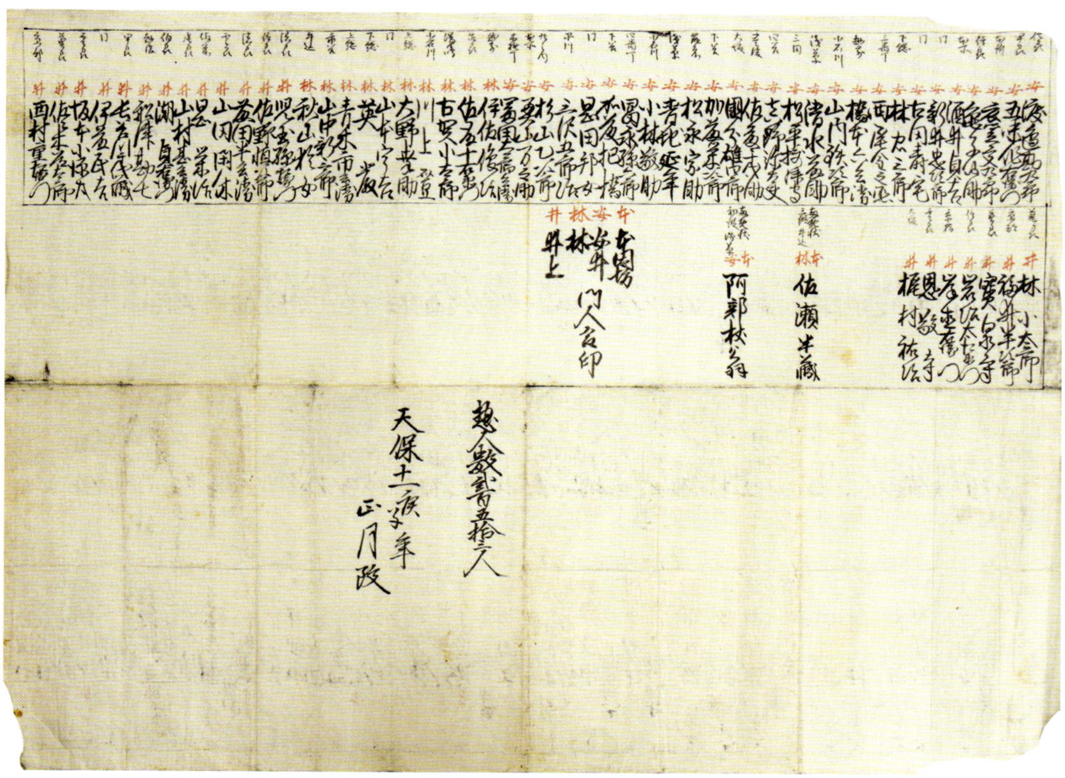
惣人数弐百五拾二人

天保十一庚子年

正月改

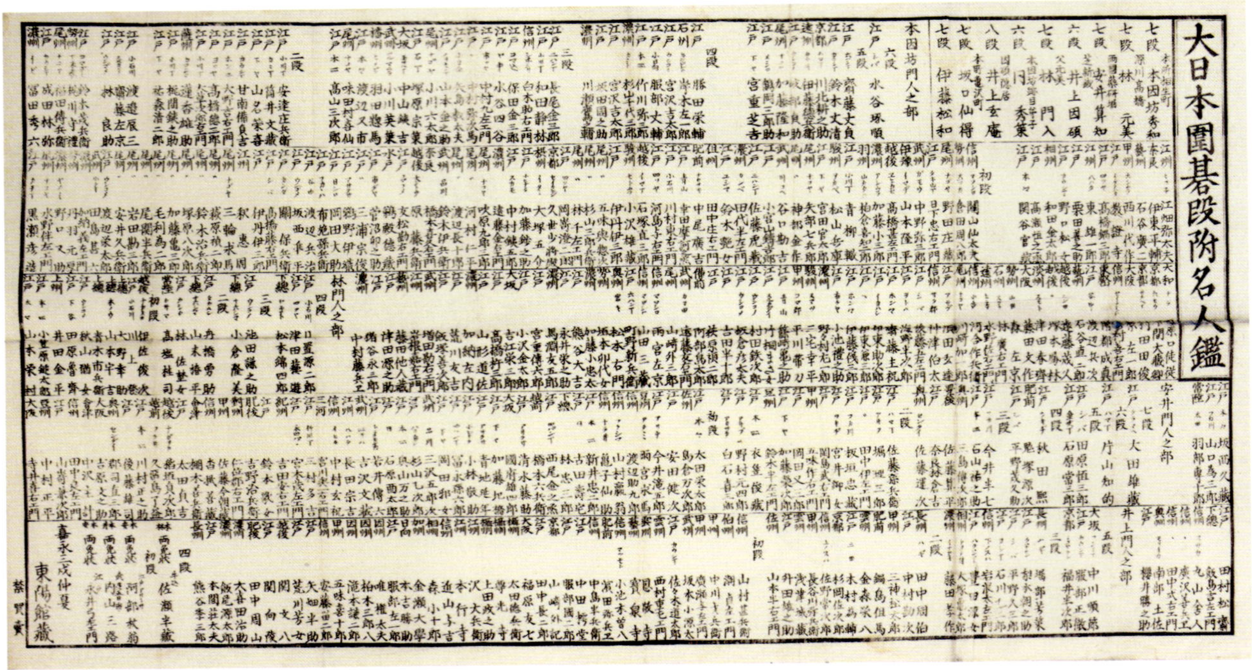

10. 江户时期嘉永三年木版围棋棋士名鉴番付《大日本围棋段附名人鉴》

本品为江户嘉永三年（1850年）木版围棋棋士名鉴番付《大日本围棋段附名人鉴》。

与前品一样，本品记录了又十年后日本围棋四大家所有段位棋手名录。后记“嘉永三戌仲夏东阳馆藏”并注明“禁买卖”。

本品也是研究江户后期日本围棋活动的珍贵史料。

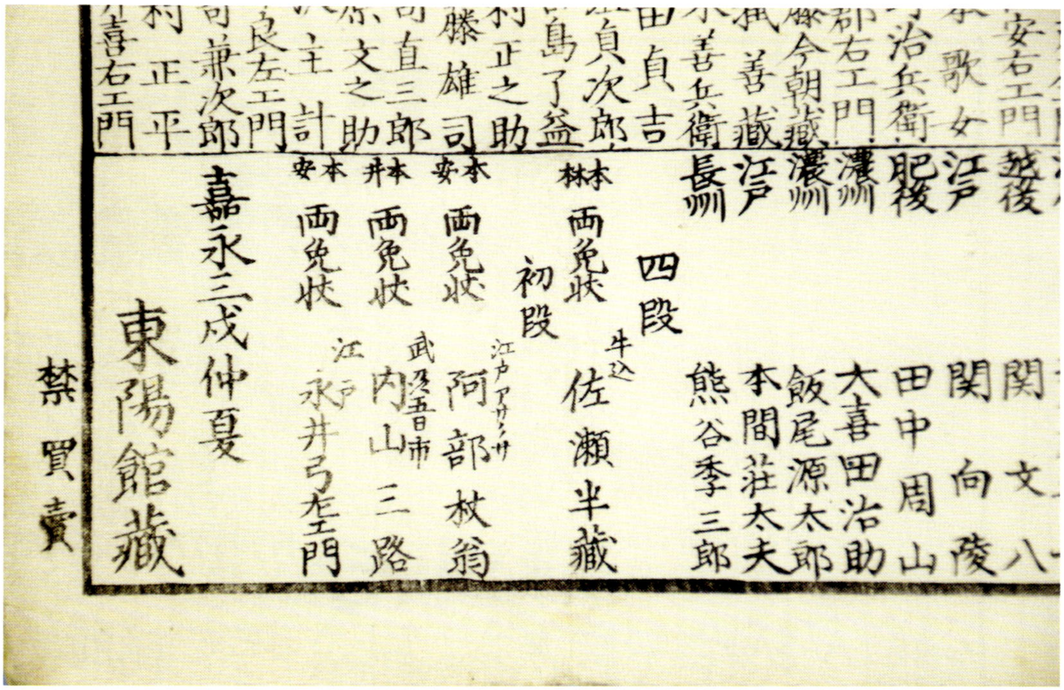

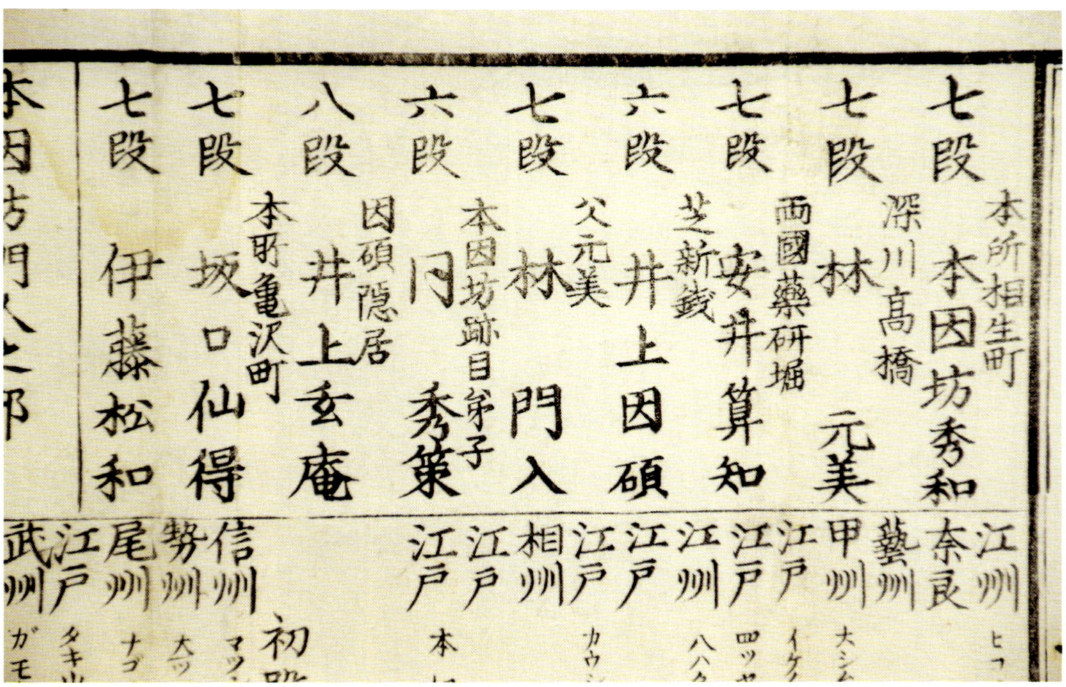

11. 江户时期《围棋手合竞》

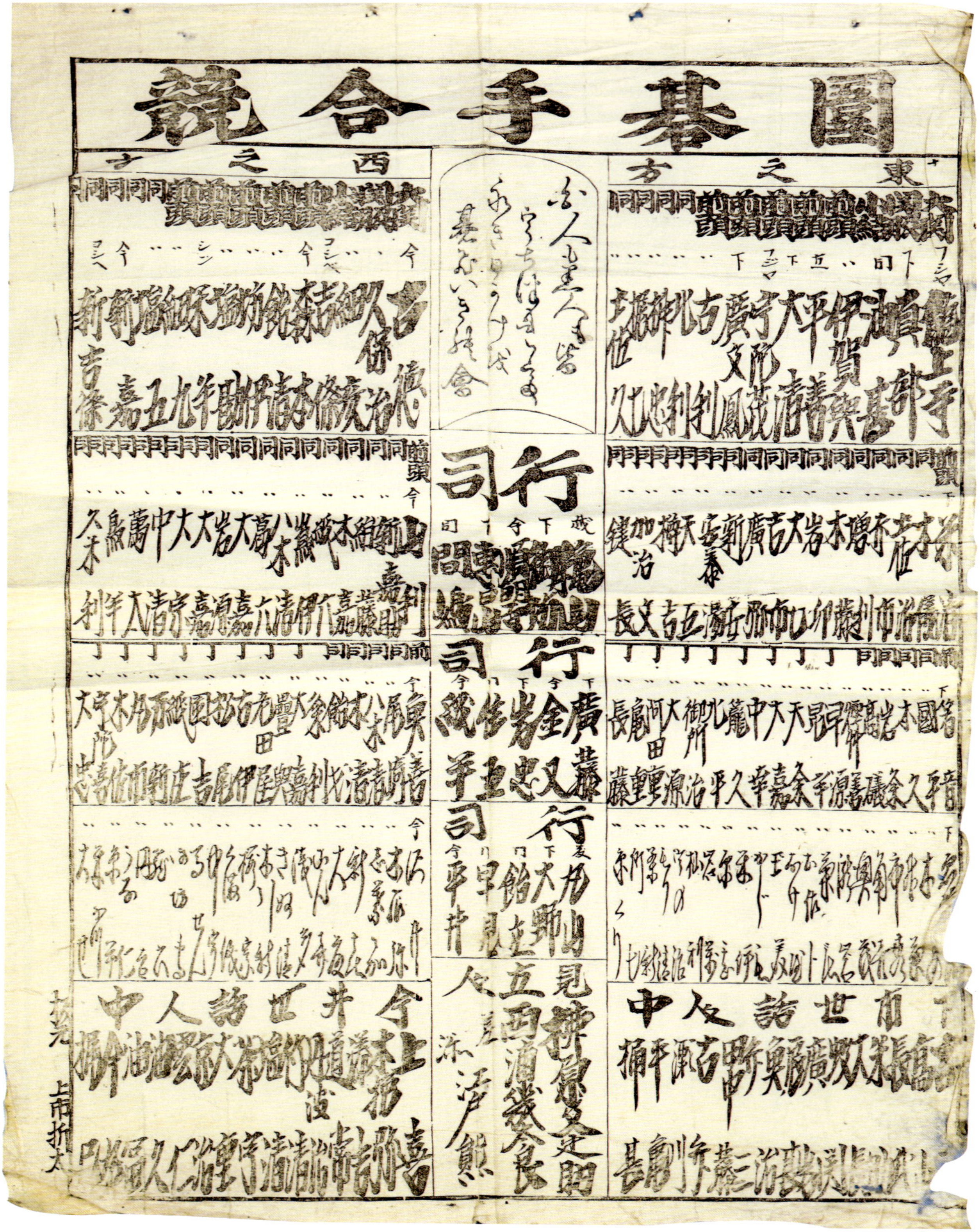

在日本，相扑（日本称为力士）按运动成绩从弱到强分为10级：序之口、序二段、三段、幕下、十两、前头、小结、关胁、大关及横纲。横纲是运动员的最高级称号，也是终身荣誉称号。

江户时期，日本地方经常用相扑等级对应围棋等级，如《围棋万花镜》书中就有这方面的资料。

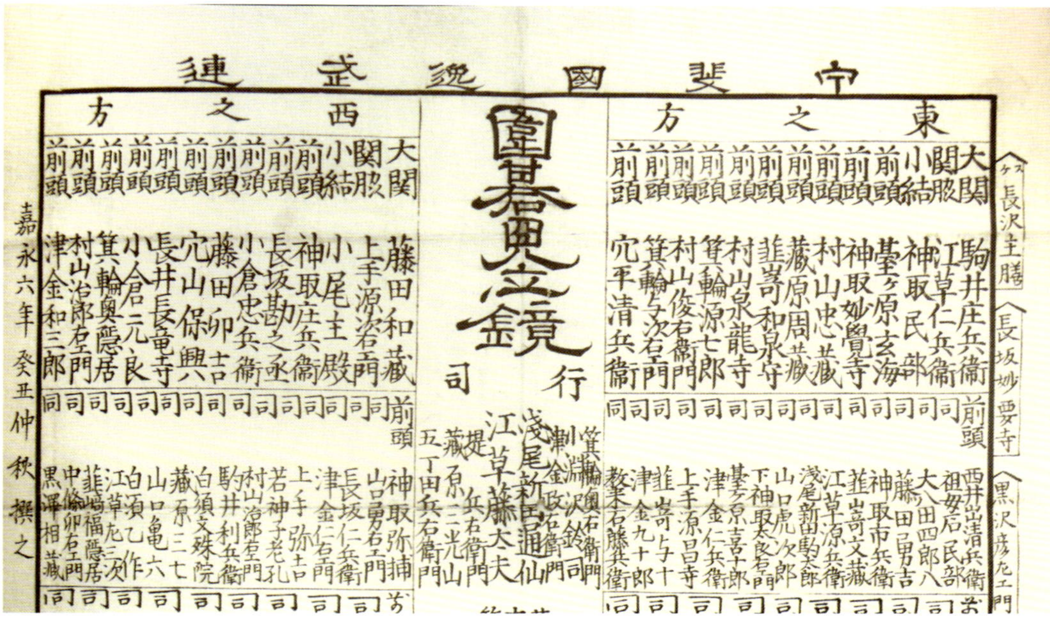

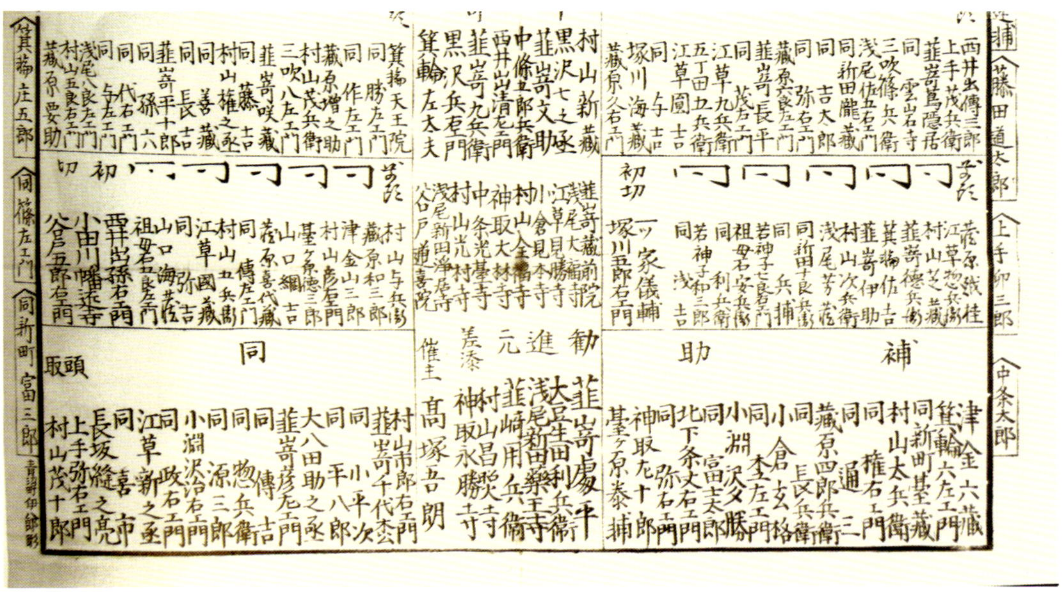

所谓围棋见立镜相当于围棋段附，只不过相应段位按照相扑等级表示。

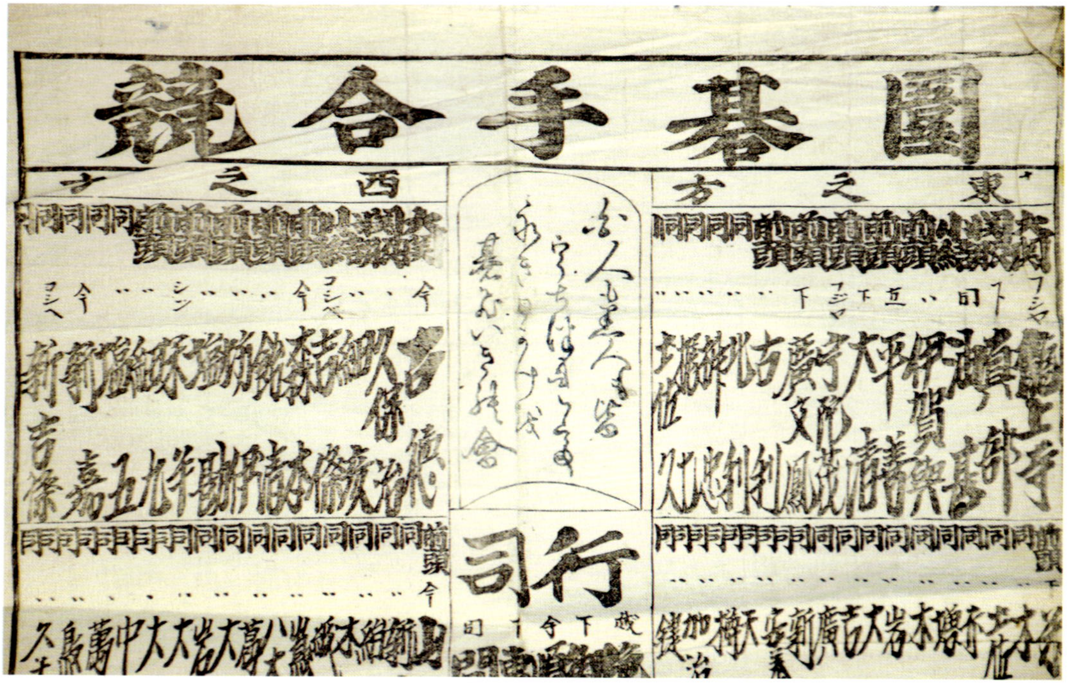

日本关西棋院机关刊物《围棋关西》2007年7月号，曾登载该刊评出的世界围棋选手排行榜，便是以相扑等级进行排名，极具江户特色

中、日、韩共有28名棋手榜上有名：

横纲　李昌镐（韩国）曹薰铉（韩国）

大关　刘昌赫（韩国）王立诚（日本）

关肋　依田纪基（日本）常昊（中国）

小结　马晓春（中国）王铭琬（日本）

前头1　俞斌（中国）李世石（韩国）

前头2　赵治勋（日本）小林光一（日本）

前头3　朴永训（韩国）羽根直树（日本）

前头4　睦镇硕（韩国）崔明勋（韩国）

前头5　赵善津（日本）山田规三生（日本）

前头6　小林觉（日本）周鹤洋（中国）

前头7　山下敬吾（日本）张栩（日本）

前头8　武宫正树（日本）林海峰（日本）

前头9　赵汉乘（韩国）元晟溱（韩国）

前头10　芮乃伟（韩国）结城聪（日本）

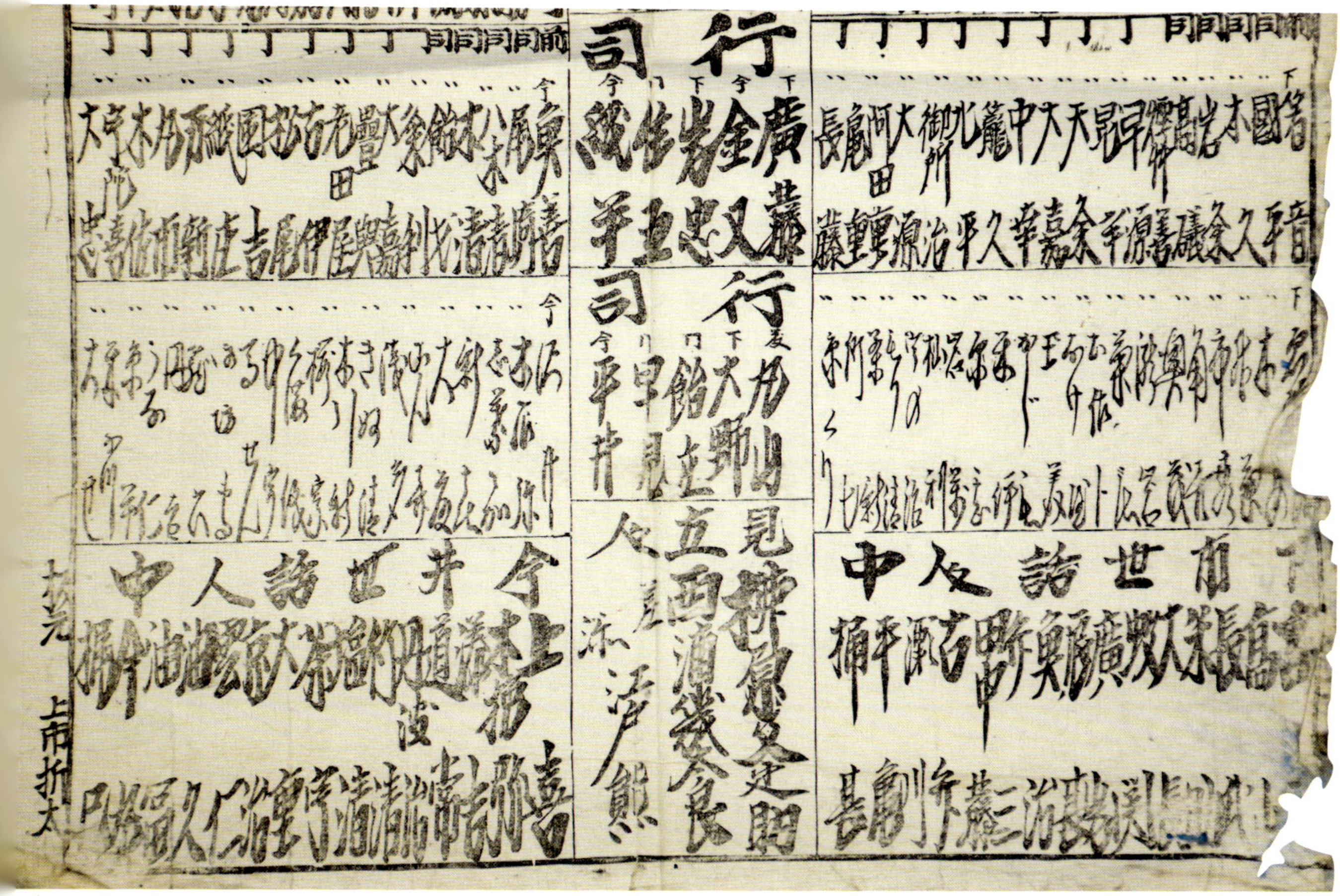

本品是江户时期某地方围棋手合竞，也是以相扑等级表示的围棋段附。保存至今，殊为不易。

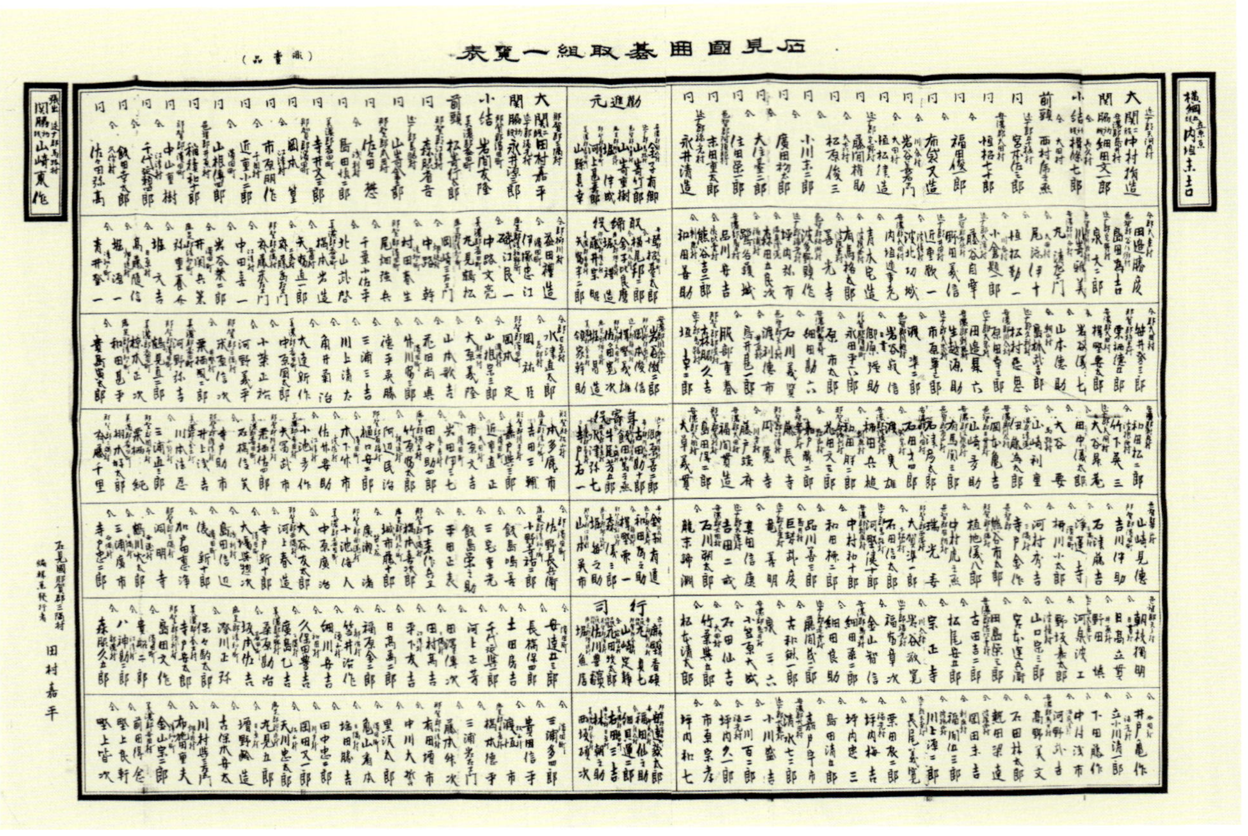

12. 明治时期石见国围棋取组一览表

前文说过，江户时期，日本地方经常用相扑等级对应围棋等级，而明治、大正甚至在昭和期，此风犹存。本品是《明治期石见国围棋取组一览表》。

石见国为前圣道策故里，道策以降，棋风大盛，名手辈出。此表中排名第一的横纲级棋手内垣末吉五段（后升六段）为坊门秀和弟子，后文第二章围棋杂项鉴赏四《明治棋士秀和弟子内垣末吉像照》有详细介绍。

本品编辑兼发行者大关田村嘉平二段（后升五段）曾入方圆社成为方圆社京都支部长，日本棋院创立，就任初代关西支部长，其子田村实四段亦为关西总本部成员。

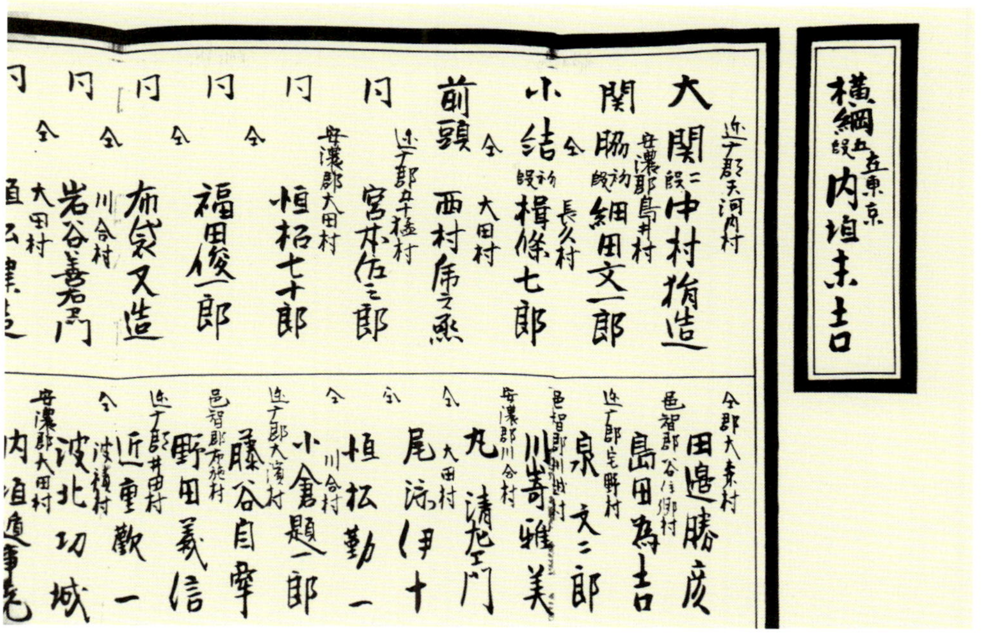

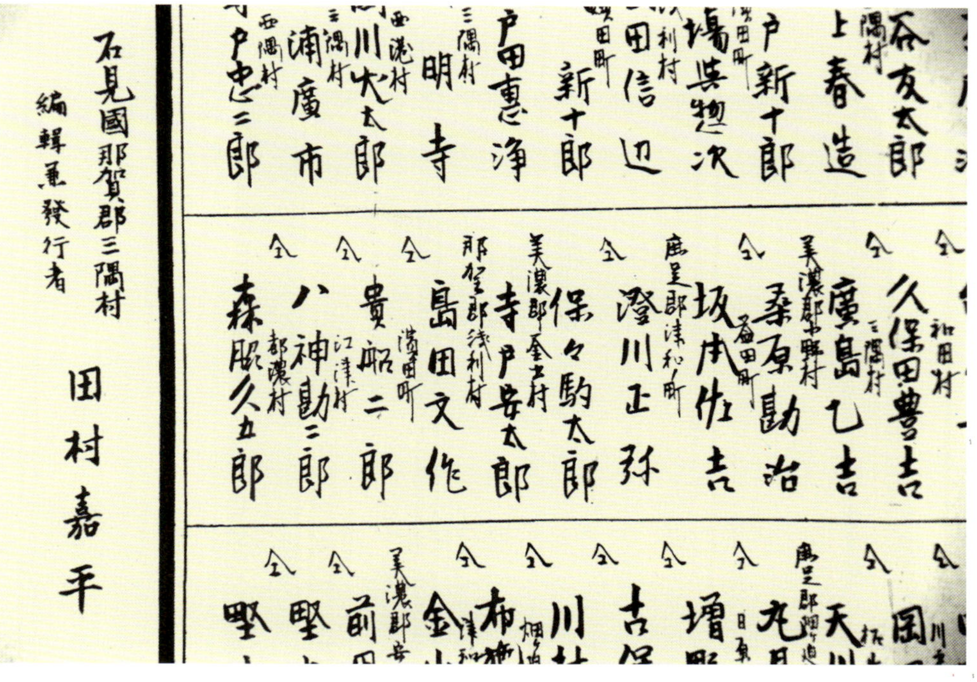

此品完整记录了明治期石见国地方围棋状况，具有很高的文化历史价值。

二、文房器具

1. 江户时期棋具造型银质水注

此品为围棋棋具造型银质水注。

水注亦称水滴、砚滴、书滴等，是古代文人磨墨时用来注水于砚面供研墨之用的文具，水滴又有有嘴无嘴之分，有嘴的称之为“水注”，无嘴称“水丞”。《西京杂记》载：“晋灵公冢……唯玉蟾蜍一枚，大如拳，腹空，容五合水，光润如新，王取以为书滴。”

宋、元时期水注较为盛行，以浙江龙泉窑和景德镇青白釉制品为多，器形有方、圆、立瓜、卧瓜、双桃、莲房、蒂叶、茄壶、牧童、罗汉骑兽、双鸳、卧牛、飞蟾诸式，也常做辟邪、蟾蜍、天鸡等动物形状。

汉文化传入日本后，到奈良时期，汉学已经成为贵族公卿，文人士大夫的必修之课，中国的传统文化琴棋书画四艺也在日本社会各阶层广为流行，中国文房器物也自然成为日本文人的案头必备之物。

本品为银质日式足跗棋盘、棋笥造型水注，整器构思奇妙，具有鲜明的日式风格。从打开盖的棋笥中可注入清水，盘角处有孔，可在研墨时滴水入砚。盘四面刻蚀有唐草纹图饰，每面花纹各有不同，生动活泼，造型自然，做工精良，整体包浆莹润，应是江户时期作品。有桐箱收纳，箱面墨书“棋盘水注”。

2. 日式足跗棋盘矢立

矢立是日本特有的名词，是在钢笔未在日本普遍使用之前，文人出门必备的便携书写套装文具，可做藏笔储墨之用。

随着钢笔的出现，矢立早就逐渐失去了实用功能，存世量也逐渐稀少，但其形态各异的精美造型闪现着其所在时代的文化信息，矢立也成为文玩藏家尤其是文房器具藏家的珍爱之物。

本品储墨部分以日式足跗棋盘造型，在矢立造型中虽非仅见，却也十分稀少，是矢立文玩中的珍品。

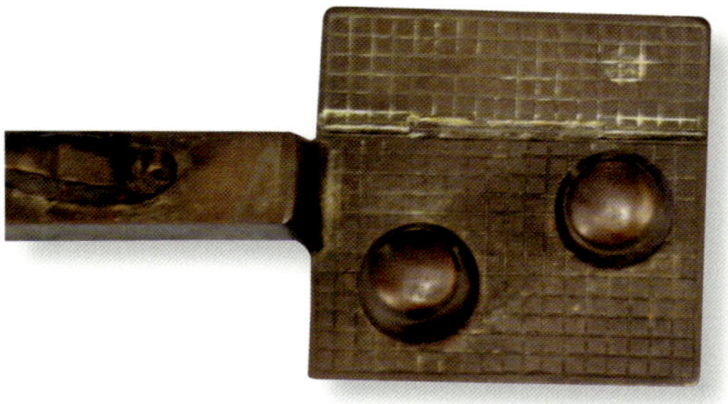

3. 众议院棋乐会奖文镇

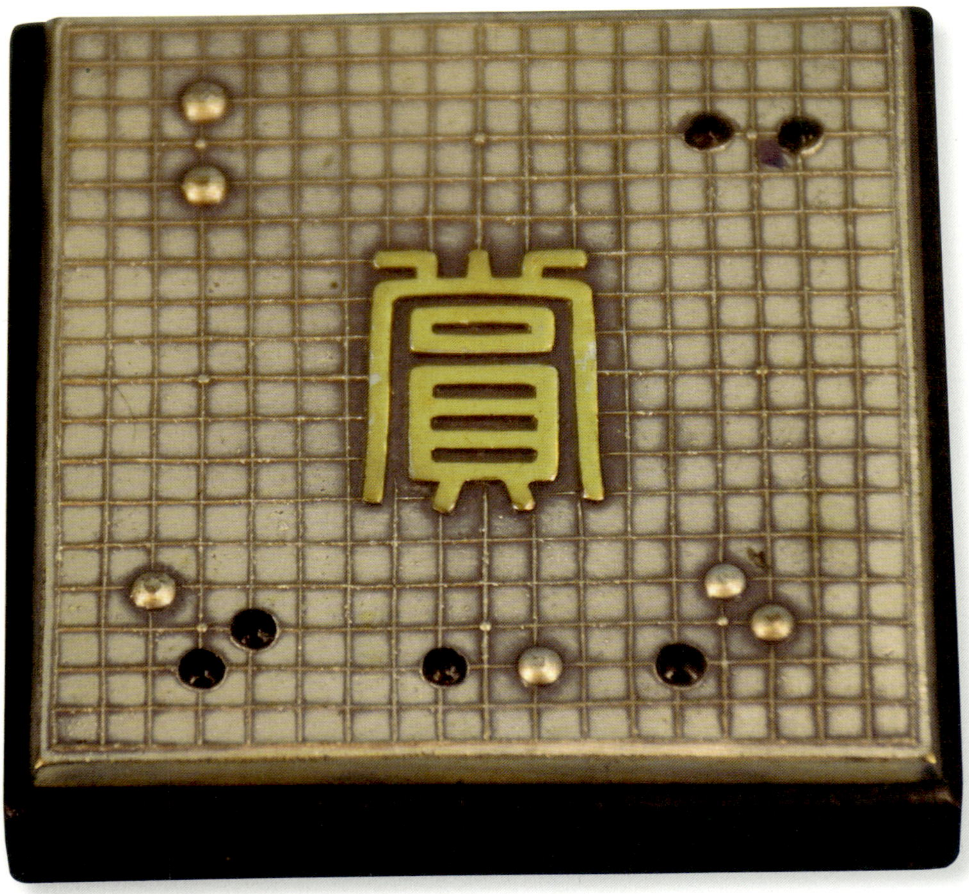

本品为铜质棋盘文镇，器型简约质朴，棋盘中间一“赏”字，背面有两行“众议院棋乐会”字，可知此品为日本众议院棋乐会某次比赛活动奖品。作为书房文物，此品不仅精巧，作为日本众议院围棋活动奖品所代表的特殊意义的稀缺性，更增加了此件作品的文化价值。

4.7×4.7×1.1cm，重约48g

4. 下尾治彦制“手谈论道”镇尺

本件藏品为书法绘画所用之青绿熟铜压尺，压尺又称镇尺，镇纸，有金、银、铜、玉、木、竹、石、瓷等材质，形态各异，唯求有一定的分量，便可压纸。上面的雕刻有各种图画和诗词名句。镇尺有成对者，亦有单件；有一字或一画者，有独立成幅者。镇尺集书、画、文辞、雕刻于一身，器物虽小，却所涵甚广，翰墨之余把玩，令人爱不释手，是文人书斋画案常备之物，也是历代藏家收藏珍品。明晚期石叟款铜嵌银丝螭纽镇尺长24.7厘米，在嘉德拍卖会的成交价就曾拍出82500元高价。

自古以来，日本对压尺等书房文玩的制造工艺就与中国一脉传承。明人屠隆在其所著《文房器具笺》“压尺”条曾记制压尺匠人入倭轶事：“近有潘铁，幼为浙人，被掳入倭，性最巧华，习倭之技，在彼十年。其凿嵌金银倭花样式，的传倭式，后以倭败还省，徙居云间，所制甚精而价亦甚高。”可见古时日匠制作铜器文玩之技艺就已达到极高水平。

本品方寸之间，二僧席坐手谈，形态各异，栩栩如生，构思精奇，作为书房文镇，不仅有实用功能，更可置于书几案头，欣赏把玩，是一件具有丰富文化内涵的文玩佳品。

镇尺收纳于桐箱内，外有“胜负青桐制文镇”字样，箱内有“治彦作”款，并有钤印。

下尾治彦，著名的昭和期工艺美术家，所制铜器置物，立意新奇，结构巧妙，常给人以强烈的视觉冲击，多次在京都等地举办个人展览，其作品多为爱好者收藏。

5. 伊势大神宫余木围棋盘式烟草筒

本品为造伊势大神宫余木桧木所制围棋盘式烟草筒。

伊势神宫是位于日本三重县伊势市的神社，主要由内宫（皇大神宫）和外宫（丰受大神宫）构成。供奉天照大神。伊势神宫的创建时间不晚于持统天皇四年（690年），日本史学界一般认为创建于天武天皇时期。伊势神宫的建筑样式来源于日本弥生时代的米仓。

伊势神宫堪称日本人的精神支柱，自建造落成之日起就没有外国人进入过，直至上世纪1957年后才对外国人开放。有别于日本其他神社，伊势神宫由日本自卫队的警察担任神宫保安工作。

神宫所有地多半为森林，俗称神宫林，神宫本身则称之宫域林。神宫林以神路山、岛路山、高仓山为主体，面积为5410公顷。分别为约2500公顷之天然林与预定用于将来神宫式年迁宫而进行桧木植林之人工林两种。

神宫本殿每隔20年，依原型进行重建，称为神宫式年迁宫。（或称作式年迁宫、正迁宫等。）按太神宫诸杂事记记载，式年迁宫制度定于天武天皇十四年，于持统天皇四年进行第一回迁宫。延历仪式帐亦记载："常限廿个年一度，迁奉新宫。置造宫使，补长官、次官、判官各一人，主典二人，木工长上一人，番上工卌人。"推测迁宫之原因为保持社殿清净、庄严，以及与掘立柱建物式伊势神宫建筑的耐用年数有关。此外，亦包括承传唯一神明造之建筑技术与传统工艺等意味。重建后的汰换建材将分与神宫内其他社殿与施设所用，或让予日本各地神社以重复利用。

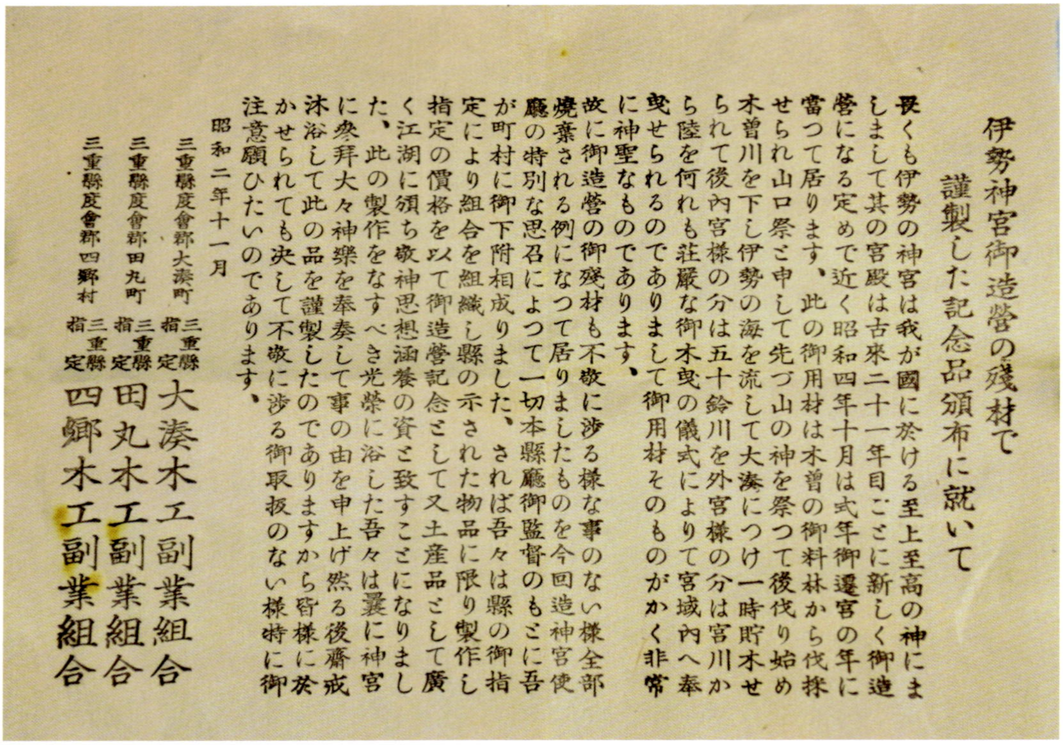

伊勢神宮御造營の殘材で
謹製した記念品頒布に就いて

畏くも伊勢の神宮は我が國に於ける至上至高の神にましまして其の宮殿は古來二十一年目ごとに新しく御造營になる定めで近く昭和四年十月は式年御遷宮の年に當つて居ります、此の御用材は木曽の御料林から伐採せられ山口祭と申して先づ山の神を祭つて後伐り始め木曽川を下し伊勢の海を流して大湊につけ一時貯木せられて後内宮様の分は五十鈴川を外宮様の分は宮川から陸を何れも荘嚴な御木曳の儀式によりて宮域内へ奉曳せられるのでありまして御用材そのものがかく非常に神聖なものであります、

故に御造營の御殘材も不敬に渉る様な事のない様全部燒棄される例になつて居りましたものを今回造神宮使廳の特別な思召によつて一切本縣廳御監督のもとに吾が町村に御下附相成りました、されば吾々は縣の御指定により組合を組織し縣の示された物品に限り製作し指定の價格を以て御造營記念として又土産品として廣く江湖に頒ち敬神思想涵養の資と致すことになりました、此の製作をなすべき光榮に浴した吾々は曩に神宮に參拜大々神樂を奉奏して事の由を申上げ然る後齋戒沐浴して此の品を謹製したのでありますから皆様に於かせられても決して不敬に渉る御取扱のない様特に御注意願ひたいのであります、

昭和二年十一月

三重縣度會郡大湊町　三重縣指定　大湊木工副業組合
三重縣度會郡田丸町　三重縣指定　田丸木工副業組合
三重縣度會郡四郷村　三重縣指定　四郷木工副業組合

伊势神宫每隔20年要把建筑焚毁再重建，叫作式年迁宫，神宫占地达5500公顷，其中内宫90公顷和外宫90公顷严禁采伐，其余森林为迁宫建筑用木材。

伊势神宫对日本人来说相当重要，在海外出生的日本人都将自己的头发剪下一缕用黄纸包上，委托回国探亲的亲友带回供奉到伊势神宫，以此表明认祖归宗。

此品便是用建造伊势神宫的余木所制纪念品，面上有烫字“大神宫御造铭材木切”。烟草筒为日式足跗棋盘形状，中空可盛烟草，上盖翻过来便是方形盒子，构思奇巧，既可实用，亦可作为案头小件把玩。

三、手迹

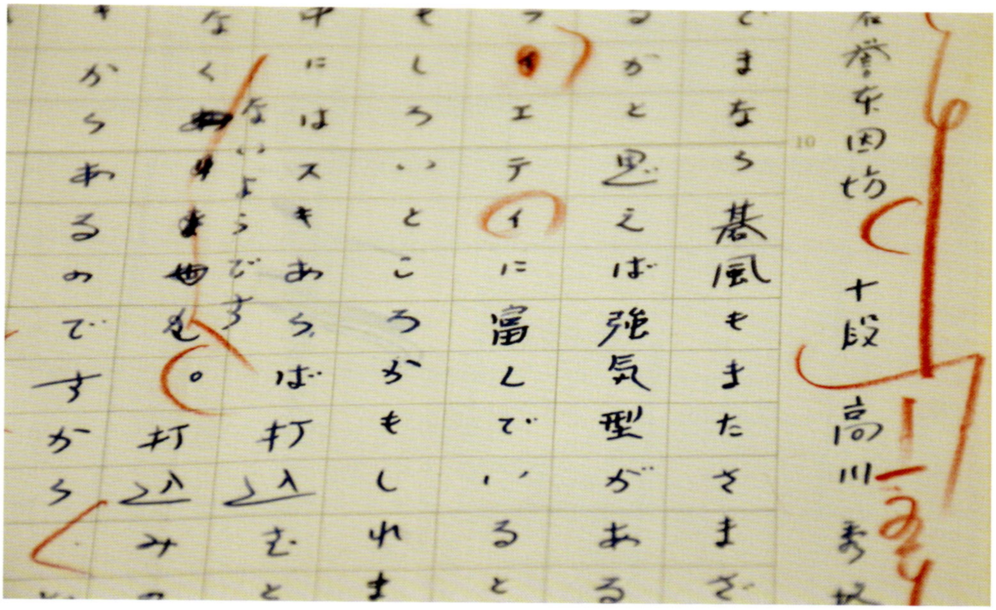

此为高川秀格先生书稿手迹，有红笔修改书迹。虽仅寥寥数页，却见证了大师严谨的治学精神，弥足珍贵。

四、其他

1. 木画紫檀棋局图缂丝织物

介绍此件藏品，不得不说到我国的缂丝工艺。缂丝是中国传统丝绸艺术品中的精华，根据史料记载，中国的缂丝织物起源可追溯至彩陶土器时期，至汉唐而日趋成熟，到了宋代，随着技艺的升级、纹样的丰富，以及大量优秀书画作品的涌现，常以临摹为内容的缂丝也飞速发展。宋代，成了让缂丝最负盛名的时代。

《格古要论》三“刻丝作”载：

宋时旧织者白地或青地，织诗辞、山水或故事、人物、花木、鸟兽，其配色如傅粉，又谓之颜色作。此物甚难得。甞有舞裀，阔一丈有余者，且匀紧厚。

缂丝是一种用“通经断纬”方法织造的丝织品。所谓“通经”，就是用本色丝线做经线；所谓“断纬”，就是用各种彩色丝线做纬线。经纬线相交，根据纹样的图案变化，通过不断换梭和局部回纬的方法，用不同的彩色丝线轮廓的变化来表现图案。

缂丝是中国丝绸工艺的巅峰技艺，被誉为“织中之圣”。因为图案精美，工艺极为复杂，得之不易，因而又有“一寸缂丝一寸金”之说。缂丝采用“通经断尾”的织法，而不同于一般织锦的“通径通纬”，缂丝是以生蚕丝为经线、彩色熟丝为纬线，采用通经回纬的方法织成的平纹织物。纬丝按照预先描绘的图案布置，各色纬丝仅于图案花纹需要处与经丝交织，并不贯通全幅，用多把小梭子按图案色彩分别挖织，使织物上的花纹与素地、色与色之间呈现一些断痕，类似刀刻的形象，这就是所谓“通经断纬”的织法。

缂丝工艺十分复杂，在开始织造之前，要先在经线上画出要织造的纹样，缂丝时，要一手持拨子，一手持梭子，左右手交互织造。缂丝所用丝线颜色丰富多彩，一件缂丝艺术品上要有多少种颜色，就要配多少只装彩线的梭子，缂丝制造过程就如同手持彩梭描绘一幅工笔画。

缂丝工艺所用材料都十分珍贵，孔雀羽线就是其中的一种。孔雀羽线需要工匠将孔雀羽绒剪成小段，然后把它们一根根和金银丝线捻在一起，同时旋转线陀，让孔雀羽绒和金银丝线均匀地缠绕，所以孔雀羽线呈现金色、翠色，光照之下便泛出“金翠辉煌，碧彩闪烁”的耀眼光芒，给人以强烈的美的视觉冲击。

本品织造方法类似中国的缂丝工艺，并结合了带有日本特色的螺钿工艺。

所谓“螺钿”，是指用螺壳与海贝磨制成人物、花鸟、几何图形或文字等薄片，根据画面需要而镶嵌在器物表面的装饰工艺。有强烈的视觉效果。而独具特色的日本螺钿织物是指将厚度为0.1～0.2毫米的板状贝壳的珍珠层黏贴在和纸上，切成细丝状织入纬线中的一种特殊工艺，将螺钿工艺这项源自古老的技法，运用在织物之上，以珍珠母贝和金、银线交织出织物光泽，螺钿织物中贝类珍珠层闪烁的高雅的柔光更能提升织物的华贵之美。螺钿织入法最早取法于引箔缂丝，是以螺钿代替金银箔织入缂丝的技法。

螺钿技术从职人煮贝的步骤开始，之后细心取出真珠层，再把珍珠母贝精密地打磨至0.1～0.2毫米的厚度。打磨后的珍珠母贝薄片，根据事前描绘出的线条纹路沾黏于和纸之上，再把贴有珍珠母贝的底稿裁切成丝，细心织入绢中。完成后的作品远看像是一幅画，而近看则可见从织物孔缝中，散发出萤火虫般的幽幽螺钿光芒。

对于螺钿工艺的认知，人们普遍认为是源自日本的一项技艺，其实早在我国周代的时候，这项技术便已出现，至唐时中日交流频繁，螺钿工艺才得以辗转传入奈良时代的日本。

中国的一些传统手工艺制造业传入日本后，为学习中国的先进技术，日本专设有“织部司”“漆部司”等单位负责制作供给贵族的工艺制品与绢丝织物。也因为政府的奖励生产，同时民间也开始出现手作艺品等工坊，螺钿等工艺便开始在日本发扬光大。螺钿工艺开始在日本坊间流传之后，到了江户时期，是螺钿工艺发展的鼎盛时期，螺钿艺品更是大受欧洲市场的青睐，大量出口更促进了螺钿工艺的发展。然而时光荏苒，时至今日，随着科学的进步和工业化革命，如螺钿工艺等传统手工业几近衰微，技术高超的能工巧匠所剩无几，工艺精湛的缂丝织品已不多见了。

本品便是以螺钿工艺法织就的缂丝腰带，图饰为日本正仓院藏“木画紫檀棋局”，五色斑斓，华彩四溢，奢华而不失庄重，高贵而又典雅，是一件不可多得的精美艺术品。

本品长426.5cm，宽30.3cm。

2. 清中期黄铜精制二叟对弈图挂锁

此锁为优质黄铜所制，原装锁匙，双面手工錾刻铜工艺，厚重压手，铜质精良，包浆厚重，皮壳炫美，纹饰精致，刻工一流，保存完整，开合自如。

锁面錾刻二叟对弈图，大写意手法，构图潇洒，一叟凝神静气，另一叟捻子沉思，人物动态栩栩如生。此品虽为清中期文人士大夫之家实用品，传承至今，其文化价值早已超出其实用价值，是一件不可多得的艺术品。

3. 明治棋士秀和弟子内垣末吉像照

内垣末吉江户时期末期至大正时期的坊门六段棋手。去世后追赠七段。生于弘化四年三月十日，石见国迩摩郡仁万村（岛根县）人。幼时从父、兄学习围棋，文久二年，往江户，入本因坊秀和门下，与岩田右一郎同受坊门塾长岸本左一郎指导，庆应元年升三段。未几，接父亲讣告，遂返乡奔丧。明治三年升四段。明治六年移居京都，翌年入神职，担任吉田、平野、松尾各神社的主典。

日本人首次的铁路隧道工程，京都至大津间的铁路工程开工，受铁路局井上胜之邀入铁路局就职，明治十一年入铁路省，十三年转外务省。村濑秀甫创立方圆社后，从明治14年开始入社，得与诸专业棋手切磋对局，恢复棋力，二十一年升五段，四十五年升六段。内垣末吉是石见国第一棋豪，在笔者所藏《明治期石见国围棋取组一览表》中，内垣末吉作为横纲级大豪独领风骚，赫然列在首位。

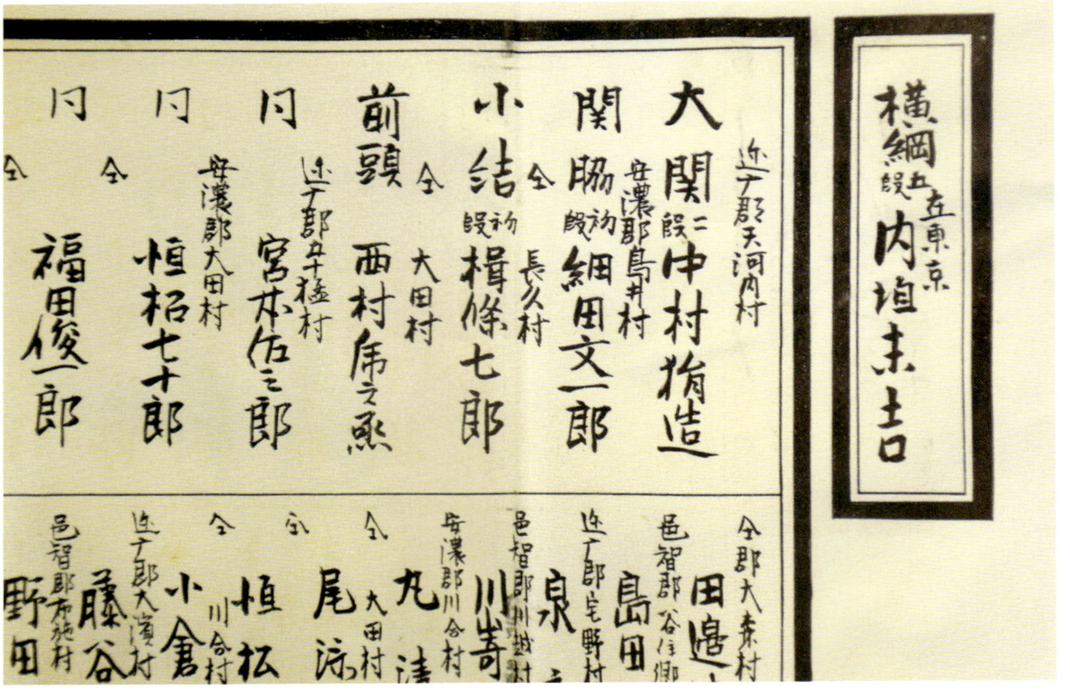
横綱 五段 東京 内垣末吉
大関 二段 迩广郡天河内村 中村指造
関脇 初段 安濃郡鳥井村 細田文一郎
小結 初段 仝 長久村 揖條七郎
前頭 仝 大田村 西村俤之烝
同 迩广郡井上村 宮本佐三郎
同 安濃郡大田村 恒松七十郎
同 仝 福田俊一郎

笔者所藏《明治期石见国围棋取组一览表》右上横纲五段内垣末吉

内垣末吉曾游历上海、广州、长春、哈尔滨等地。大正七年八月五日在避暑中的福岛县饭坂温泉去世。追赠七段。享年72岁，内垣末吉多才艺，与作为画家也广为人知，号橘园的著名棋手岩田又一郎同门、同乡、同窗，相交莫逆。

明治棋士秀和弟子内垣末吉像照

丸木利阳本姓竹内。父亲竹内惣太郎（竹内宗十郎）。明治维新后，入福井藩士丸木利平家为养子，遂名丸木利阳。明治八年往东京二见照相馆学习照相技术。明治十三年出师独立，在东京曲子町（相马邸内）开设丸木照相馆。明治二十年，嘉仁亲王（之后的大正天皇）在近卫联队兵营访问时，被指定为亲王、皇族、军官等摄影，名声大噪。明治二十一年，与小川一真同为明治天皇、昭宪皇太后摄影。明治二十三年，发明了“丸木式采光法”，并在第3届国内劝业博览会上获得3等奖。明治四十二年，在日英博览会上展出。大正二年，受宫内省委托，于大正4年，参与东京美术学校（现在的东京艺术大学）的摄影科的创办。并与小川一真、黑田清辉一起作为帝室技艺员为大正天皇摄影。并担任东京摄影业工会的会长。大正十二年去世。门下有与小川一真一起设立宫内省摄影部的东京芝白金的前岛英男（前岛摄影馆）。

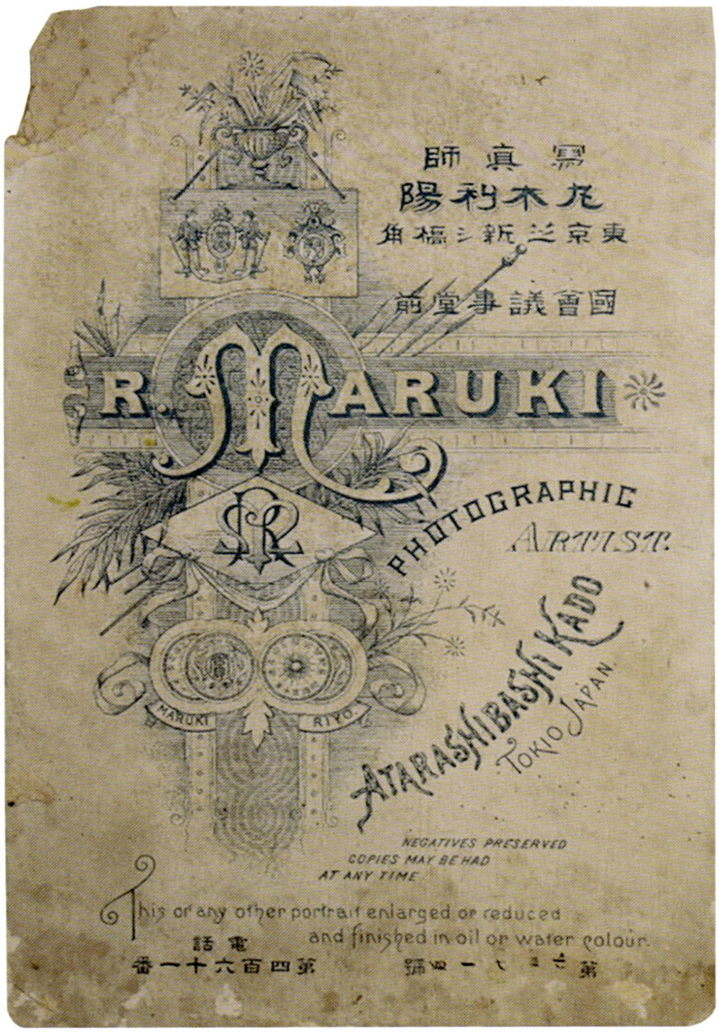

此照摄影师为明治期
著名摄影师丸木利阳

4. 米治一作黄铜围棋打谱人物像

米治一字静云，是活跃于日本大正、昭和期的著名金工师、雕塑艺术家，高冈市人，大正四年于富山县工艺学校雕刻科卒业，大正八年于东京美术学校雕刻科卒业，大正十年于东京美术学校雕塑研究科卒业。师事高村光云（1852-1934）高村光云为明治大正期著名的雕刻家，东京美术学校教授。明治十年（1877年）获得了“劝业博览会”最高奖。

米治一继承其师衣钵，毕生专注于铜像雕塑研究，多次获得政府各种奖项如勋五等双光旭日章奖等。终成一代大师。

米治一作品题材广泛，从大黑天神到菅原道真文化名人，圣德太子尊像等无不涉猎。本品雕塑高士打谱主题人物像，酷似十四世本因坊秀和，神态安详专注，大国手风范表现得淋漓尽致。米治一关于围棋题材作品仅此一种，存世不多，颇受藏家，尤其是围棋爱好者藏家青睐。

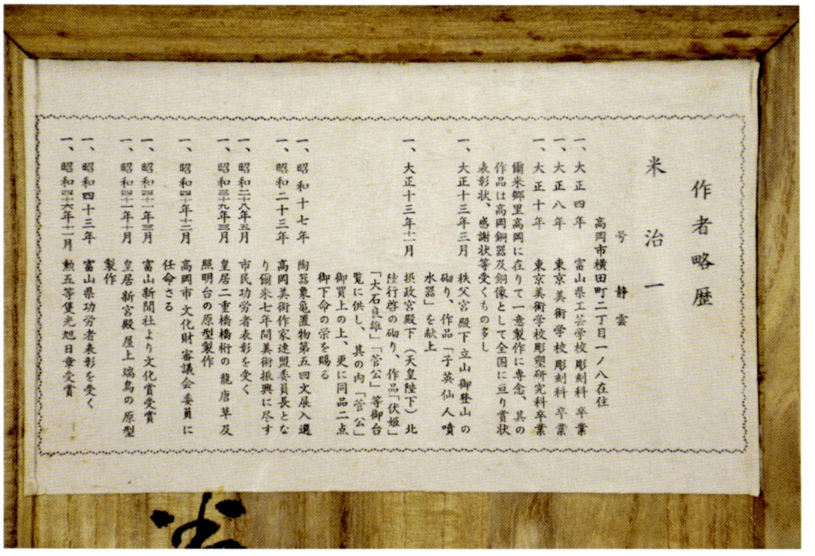

本品以人、物两件组合完成，人物约8cm × 23.5cm，重3.6kg，足跗棋盘约8.5cm × 8.5cm × 5.5cm，重878 g 。

有收纳箱收套，箱面有“黄铜人物像围棋米治一作”字，箱内面钤阳文“米治一”朱印。

5. 吴清源签名CD

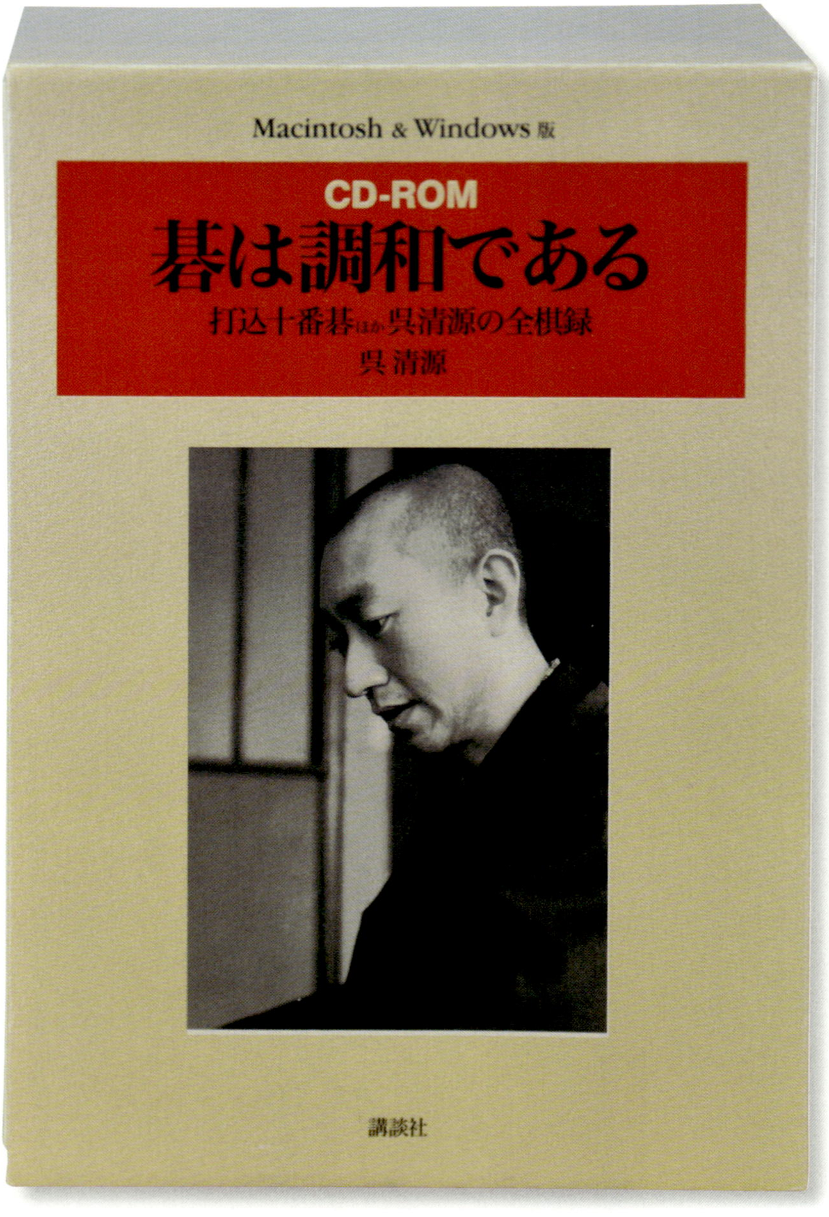

此为日本著名的出版社《讲谈社》出版的CD版《吴清源对局全集》890局、《棋之调和——吴清源打入十番棋全纪录》一套，此套CD为1999年初版，现已绝版，内附《十番棋轶事琐记》一册。扉页有吴清源亲笔签名。

此CD记录了吴清源全部890对局以及1939年至1956年间，吴大师先后与木谷实、雁金准一、藤泽朋斋、桥本宇太郎、坂田荣男、岩本薰、高川格等当时日本超一流棋士之间所弈十次升降十番棋对局全纪录，并有详细图文解说。

此为珍藏品，未开封。

6. 石田芳夫黑胶唱片

此为著名的20世纪五大唱片公司之一哥伦比亚公司出版发行的日本著名棋士石田芳夫的歌曲专集。

哥伦比亚（Columbia）唱片公司属于美国三大电视网之一的哥伦比亚广播公司-CBS（其余为全国广播公司-NBC，美国广播公司-ABC），历史上与宝丽金、贝图斯曼并称为三大唱片集团。该公司1948年制成世界首张12英寸密纹唱片，1965年在伦敦设立分公司，成为横跨欧美的唱片集团。1989年，哥伦比亚唱片公司与日本索尼财团合并，成为20世纪五大唱片集团之一。

有电子计算机之称的石田芳夫是日本著名的围棋教父木谷实的杰出弟子，在上世纪七八十年代与大竹英雄、林海峰、加藤正夫、武宫正树、小林光一、赵治勋合称七大超一流棋手，石田芳夫最先成名，也是最早获得名誉头衔资格的年轻棋士，石田芳夫不仅棋艺高超，且多才多艺，极具音乐才能，石田芳夫是最先作为功成名就的围棋职业棋士而又同时在音乐界大展艺术才华的人。此品极具收藏价值。

7. 淡路修三黑胶唱片

淡路修三九段是活跃于上世纪八九十年代的日本著名九段棋士，曾代表日本征战中日围棋擂台赛，并有不俗战绩，作为副帅在1993年第7届中日围棋擂台赛中连续战胜中方副帅马晓春，主帅聂卫平，终结比赛。

淡路修三不仅棋艺高超，且才华出众，曾于1981年灌制《北之酒厂》黑胶唱片，存世甚少，本已极为难得，本品且有淡路修三亲笔签名，更是弥足珍贵。

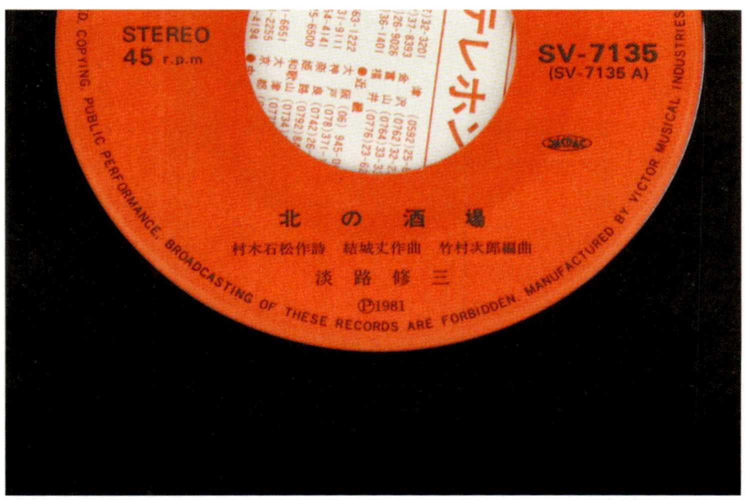

图书在版编目（CIP）数据

弈藏天下：围棋棋具文化经典收藏 / 李昂，李忠著.
— 成都：成都时代出版社，2021.8
ISBN 978-7-5464-2856-7

Ⅰ. ①弈… Ⅱ. ①李… ②李… Ⅲ. ①围棋－体育用品－收藏－中国 Ⅳ. ①G262.8②G891.3

中国版本图书馆CIP数据核字(2021)第146826号

弈藏天下：围棋棋具文化经典收藏（第三卷）

YI CANG TIANXIA：WEIQI QIJU WENHUA JINGDIAN SHOUCANG

李昂　李忠　著

出品人　李若锋
责任编辑　李　林
责任校对　樊思岐
装帧设计　原创动力
责任印制　张　露

出版发行　成都时代出版社
电　　话　（028）86742352（编辑部）
　　　　　（028）86615250（发行部）
网　　址　www. chengdusd. com
印　　刷　成都市金雅迪彩色印刷有限公司
规　　格　190mm×285mm
印　　张　60
字　　数　1300千
版　　次　2021年8月第1版
印　　次　2021年8月第1次印刷
书　　号　ISBN 978-7-5464-2856-7
定　　价　1280.00元